박동섭

학문 간, 지역 간, 연령 간 경계를 넘나들고 가끔씩 쉬어 가며
이동하는 '이동연구소' 소장이자 독립 연구자.
우치다 다쓰루의 임상철학과 김영민의 일리의 철학에
깊은 영향을 받고 인간, 사회, 심리, 교육, 배움에 대한
새로운 밑그림을 그리려 시도하고 있다. 우연히 알게 된
우치다 다쓰루 사상을 통해 접한 배움을 한국의 대중에게
알리려고 선생의 강연을 기획하고 직접 통역하기도 하며
『침묵하는 지성』『망설임의 윤리학』『스승은 있다』
『완벽하지 않을 용기』『교사를 춤추게 하라』『우치다 선생이
읽는 법』 등 선생의 저서를 소개하고 번역했다.
한국 사회에서 제대로 소화하지 못하는 비고츠키를 연구하며
대중도 이해할 수 있는 언어로 설명하고 알리고자 애쓰고
있다. 『비고츠키 불협화음의 미학』『레프 비고츠키』
『해럴드 가핑클』『화학분석』을 썼고, 『보이스 오브 마인드』
『심리학은 아이들 편인가』『수학하는 신체』『수학의 선물』
『단단한 삶』 등을 우리말로 옮겼다.

우치다 선생에게 배우는 법

우치다 선생에게 배우는 법

스승이라는 모항에서
떠나고 돌아오기 위하여

박동섭 지음

묻는 사람에서
스스로 답을 찾는 사람으로

박동섭 선생이 저와의 만남을 계기로 거기서부터 배운 것을 책으로 낸다는 말을 들었습니다. 박 선생이 저와 만난 것은 분명한 사실이지만 저와 제 책을 통해 뭔가를 배우고 인간적으로 성장했다고 말씀하시면, 음…… 조금 곤란합니다. (☺)

박 선생이 배운 것은 박 선생 몸에서 일어난 사건이고 저는 그것에 그다지 관여하지 않았습니다. 모든 배움이 이렇기는 한데, 제자는 스승이 가르치지 않은 것을 배울 수 있습니다. 저는 이것을 '교육의 기적'이라고 부릅니다.

스승, 즉 멘토란 제자의 지적 활동을 활성화시키고

'브레이크스루'breakthrough(어떤 장애나 제한을 극복하거나 기존의 자신을 넘어서는 일)를 지원하는 '기능'을 의미합니다. 어떤 사람의 스승이기 위해 필요한 자질과 능력 같은 것은 없습니다.

어떤 일이 계기가 되어 사람의 지성이 활발하게 움직이고 자신의 한계를 넘어 버리는 일이 일어났을 때 그 한계를 넘은 사람, 즉 뭔가를 배운 사람은 그 배움의 계기를 제공한 사람을 스승이라고 마음대로 생각해 버리지요. 그런데 실제로 그 '스승'이라는 사람은 특별히 뭔가를 가르친 것이 아닙니다. 사람은 원래 스스로 묻고 스스로 대답하는 존재이기 때문입니다. 누구도 대답을 가르쳐 주지 않습니다. 묻는 것도 대답하는 것도 실은 혼자서 하는 일이지요.

스승의 일은 "선생님, 이 물음에 대한 대답은 이런 거지요?"라고 제자가 절박하게 물어 오면 빙긋이 웃으면서 "그런 대답도 괜찮아!" 하고 대답하는 것뿐입니다. 물론 '그것으로 충분하다'는 말 속에 그 말과는 모순되는 '그래서는 부족하다'는 말을 (암묵적으로) 함께 담아 전하는 것도 중요하지요. 그렇게 말해 줄 수만 있으면 스승의 일로서는 충분합니다. 어찌 보면 간단한 일이지요.

박 선생이 제게 배웠다고 생각한 것은 실은 박 선생 자신이 손수 만든 것입니다. 정말로요. 그런데 제가 아무리 그렇게 말해도 박 선생은 "아니요, 그렇지 않습니다. 이것은 틀림없이 선생님께 배운 것입니다" 하고 주장을 굽히지 않을 겁니다. 그런데 그래도 괜찮습니다. 공자는 "짓지 않고 전할 뿐이다"述而不作라고 말했습니다. '내가 지금 말하고 있는 것은 모두 선현으로부터 배운 것이라서 나 자신의 독창적인 생각은 없다'는 의미지요. 그런데 실제로 『논어』에서 말한 내용의 많은 부분이 공자 자신의 것이었습니다. 그러면 공자가 왜 그런 말을 했을까요? '선인의 지혜를 전하는 조술祖述자'가 지성이 가장 활성화되는 포지션이라는 것을 스스로 알고 있었기 때문입니다. 박 선생도 이런 사실을 경험적으로 알고 있습니다. 그래서 '우치다 다쓰루의 제자'라는 가설적인 포지션을 선택한 것이지요. 박 선생의 이 전략은 결과적으로 아주 잘 먹혀든 것 같습니다. 박 선생이 최근에 낸 지적 생산물의 다양성과 풍양을 보면 알 수 있지요. 박 선생의 더 많은 활약을 기대합니다.

2021년 4월 29일
우치다 다쓰루

I

평생 배우고자 하는 사람의 자세

〔1〕
자유로운 사람에게만 열리는
배움이라는 숙명

"우치다 다쓰루 선생의 첫 책 『망설임의 윤리학』도 선생께서 번역해 주시면 좋겠습니다."

2019년 1월 20일 '서커스출판상회' 대표에게 이 말을 듣고 나는 말 그대로 뛸 듯이 기뻤다. 실은 딱 1년 전인 2018년 1월 22일, 우치다 다쓰루 선생의 트위터에 올라온 이런 글을 봤기 때문이다.

『망설임의 윤리학』과 『아저씨적 사고』의 한국어판 출간 제안을 받았습니다. 『망설임의 윤리학』이 아직 번역되지 않았던 모양이군요. 무엇보다 저의 첫 책인 이 책이 한국어로도 번역되어 기쁩니다.

그때만 해도 『망설임의 윤리학』을 내가 번역하게 될 줄은 꿈에도 생각하지 못했다. 그래서 이 명저가 한국어로 번역된다는 반가운 소식에 기쁜 마음 반, 내가 번역하지 못한다는 아쉬운 마음 반이 뒤범벅되어 퍽 착잡한 심정이었다. 그랬는데 이상한 것은 그로부터 1년이 지나도 그 책의 출간 소식이 들리지 않았고, 왜 출간이 지연되고 있는지 까닭도 알 수 없었다. 그러던 와중 우연에 우연이 겹쳐 그 『망설임의 윤리학』을 내가 번역하게 된 것이다.

사연을 조금 설명하자면, 2019년 1월 9일에 충주에서 열린 '수학 페스티벌'에 강사로 참여했는데 원래 강의를 마치면 곧바로 귀가할 예정이었지만 알고 지내던 박준규 선생의 부탁으로 잠시 머물게 되었다. 박 선생은 움베르토 에코와 베르나르 베르베르 등 많은 프랑스 작가의 저작을 번역한 이세욱 씨를 함께 만나 보자고 권유했다. 박 선생은 이세욱 씨가 충주 근처에 살면서 집필과 번역 작업을 하고 있으며 최근 들어서는 수학 관련 번역서 출간에 관심이 있다고 했다. 나는 그분이 수학 관련 번역서 출간에 관심 있는 것이 나와 무슨 상관이 있느냐고 물었다. 박 선생은 결연하게 대답했다.

"모리타 마사오 선생이 쓴 『개미가 된 수학자』라는 책이 있지요. 이세욱 씨를 통해 그 책을 한국에서 번역 출간할 가능성을 타진하고 싶습니다."

그런데 『개미가 된 수학자』가 수학 관련 도서이긴 하지만 장르가 동화인데 이세욱 씨가 관심을 가질까, 의문이 든다고 내가 반문하자 선생은 나름 합당한 이유라는 듯 확신에 차 대답했다.

"이세욱 씨가 베르나르 베르베르의 『개미』를 번역했지요. 그러니 『개미가 된 수학자』에도 틀림없이 관심을 가질 겁니다."

앞뒤도 맞지 않고 합리성까지 결여된 억지스러운 말이었지만, 왠지 모르게 설득이 되었다. 아니, 사실은 그의 말이 나를 묘하게 달뜨게 했다. 결국 박준규 선생과 사모님까지 동행해 이세욱 씨의 거처를 방문했고 그곳에서 우리 일행보다 먼저 와서 이세욱 씨를 만나고 있던 서커스출판상회 김석중 대표와 우연히 만났다.

그즈음 김 대표는 우치다 다쓰루 선생의 『거리의 현대사상』과 『말하기 힘든 것에 대해 말하기』를 막 출간한 때라 지인인 이세욱 씨에게 신간도 전하고 다른 번역서 출간 의논도 할 겸 충주를 찾은 터였다. 나와 김 대표는 초면이었지만 우치다 다쓰루 선생의 사상에 관해 서로 다투어 이야기를 쏟아 냈다. 그러다 1년 전『망설임의 윤리학』한국어판 출간을 제안했던 출판사가 바로 '서커스출판상회'라는 걸 알게 되었고 내내 궁금하던 것을 대뜸 물었다.

"왜 아직도 책이 안 나오는 겁니까?"

"저희도 잘 모르겠습니다. 오퍼를 내고 저작권사인 일본 출판사의 수락 회신을 받긴 했는데요, 이후로 계속 연락이 없고 저희가 몇 번이나 더 연락했지만 묵묵부답인 상태입니다."

영문을 알 수 없다는 그의 하소연에 마침 내가 며칠 후에 우치다 선생을 뵈러 일본에 가니 선생께 이런 사정을 설명하고 왜 오퍼 수락 후 연락이 없는지 한번 알아보겠다고 했다. 김 대표는 몹시 기뻐하며 꼭 부탁한다고 당부했다.

며칠 후 예정대로 나는 일본으로 가서 우치다 선생을 만났고, '선생님 찬스'로 1년 넘게 미적미적하던『망설임의 윤리학』한국어판 계약이 일사천리로 진행되었다. 그러니 김 대표가 이 책의 번역 작업을 내게 의뢰한 것은 이 계약 성공에 대한 일종의 선물이다. 만약 그때 계약이 문제없이 순조롭게 진행되었더라면 분명 내가 아닌 다른 사람이 번역을 맡았을 것이다.

지금에 와서 그때의 만남을 떠올려 보니 우치다 선생의 가르침과 그 가르침을 통해 깨달은 것이 생각났다. 우치다 선생은 합기도 수련을 하는 것이나 난해하기로 유명한 철학자 레비나스의 저작 읽기를 시작한 계기를 언급할 때마다 "인간은 자유로운 존재인가 혹은 숙명이라는 이름의 끈에 이끌리는 결정된 존재인가?" 하는 물음에 사로잡혔던 경험을 꼭 이야기한다(이 이야기는 선생의 자전적 저작물 여기저기에서 찾아볼 수 있다). 그 물음에 선생이 최종적으로 당도한 대답은 "인간은 자유로울 때야말로 그 숙명을 안다"는 것이다. 나는 스승의 이 탁견에 깊이 공감한다. '자유'와 '숙명'은 서로 반대되는 개념이 아니라 위상이 다른 것이라고 보는 것이 정확하다. 나는 진정 자유로운 사람만이 자신의 숙명을 알 수 있다고 생각한다.

　　우리는 모두 자신이 무엇을 위해 이 세상에 태어나서 한정된 시간을 보내고 있는지 알고 싶어 한다. 이런 물음에 직면하면 많은 사람이 기성ready-made의 지식과 철학과 종교 등에서 답을 구하고자 한다. 신을 믿어라, 사랑이야말로 전부다, 사물 그 자체로 돌아가라, 자신이 행복한 것이 최고다 등등. 그런 것을 참고하면 확실히 곧바로 대답을 얻을 수 있고 정말로 그 말이 맞을지도 모른다. 하지만 그것은 '만인을 위한 대답' 그 이상도, 이하도 아니다. 그리고 그런 가르침은 나만이 그것을 목표로, 내가 하지 않으면 아무도 할 사람이 없을 것 같은, 이른바 '개인적 사명'이 무엇인지에 관해서는 아무것도 가르쳐 주지 않는다.

자유는 인생의 다양한 분기점에서 결단을 내릴 때 누군가의 명령이나 지시가 아니라 오롯이 스스로 판단하고 스스로 책임지는 사람만이 누릴 수 있는 것이다. 다른 사람의 말에 좌지우지되거나 남에게 결단의 기준을 묻는 사람은 자유가 무엇인지 모른다. 당연한 말이지만 자유가 무엇인지 모르는 사람은 자신의 숙명에 관해서도 알 길이 없다.

아마도 우치다 선생이 '정해진 운명 vs. 미정의 운명'이라는 물음을 던지고 스스로 당도한 대답은 '나는 혼자이다. 내 대신 이 일을 할 수 있는 사람은 내 주변에 아무도 없다'는 사실을 온전히 받아들이는 사람에게만 숙명이 열린다는 뜻이리라.

따라서 우치다 선생이 생각하는 '인연'은 결코 수동적인 것으로 해석해서는 안 된다. 인연은 두 사람이 각각 길이 나 있지 않은 들판을 걷다 마치 미리 정한 것처럼 같은 시각, 같은 장소에 당도하는 것이다. 정해진 지도나 가이드북 같은 것을 참고하거나 안내인이 인솔하는 대로 따라가는 자에게는 결코 그런 만남이 일어나지 않는다. 누구의 지시나 안내 없이 자신의 직관이나 직감에 의존해 꿋꿋이 한길을 걷는 자만이 바로 그 시각, 바로 그 장소에 당도해 만나야 할 사람을 만난다.

나는 젊었을 때 인생은 주체적으로 개척하는 것이고 100퍼센트의 자유와 자기결정만이 자신의 주체성을 기초 짓는 것이라고 단순하게 믿었다. 하지만 40대 중반을 넘어서자 "보이지 않는 신의 손 같은 것이 있어서 인생의 분기점마다 '딱' 그때 만나야 할 사람이 '착' 나타난다. 그 순간이 나를 기다리고 있다"는 것을 실감했다.

나는 이 '딱'과 '착'을 몇 번이나 경험했으며 우치다 선생과의 만남 역시 그런 경우였다. 정말이지 불현듯 뭔가에 이끌려 선생의 저작 『저잣거리의 미디어론』街場の メディア論을 만났고 그 얼마 후인 2011년 11월 26일, 히로시마 야스다여자대학에서 열린 '일본 질적심리학회'에 딱 갔는데 학회와 아무 관련 없는 선생이 나를 착 기다리고 있었다. 그 학회에서 선생의 말씀을 듣고 '앞으로 우치다 다쓰루 연구를 본격적으로 시작해야겠다'고 마음먹었다. 그리고 곧바로 히로시마 시내의 준쿠도서

점으로 향했다. 그 서점에서 선생의 책을 찾으며 인문사회 분야 매대를 돌던 중 딱 마주친 책이 『스승은 있다』라는 책이다. 말 그대로 서점에 '딱' 갔는데 책이 나를 '착' 기다리고 있었고, 그렇게 선생의 두 번째 책을 만난 것이다. 이 책은 내가 처음으로 번역한 선생의 저작이기도 하다. 나는 이렇게 선생을 '우연히' 만났다. 그리고 언제부턴가 이런 만남을 나는 '딱·착 인연론'이라 부르고 있다.

인연은 원래 불교 용어다. 인因은 결과를 만드는 직접적인 작용이고 연緣은 그것을 돕는 간접적인 작용이다. 선생의 가르침을 이어받아 나는 자유와 인연이 상보적인 관계라고 생각하게 되었다. 즉 인연이라는 숙명적인 것을 거쳐야만 비로소 인간은 자유가 무엇인지 알게 되고 역으로 자유로운 사람만이 인연을 만날 수 있다는 것이 내가 칭하는 '딱·착 인연론'의 핵심이다. 우연은 하늘에서 그냥 뚝 떨어지는 것이 아니다. 사람은 우연(으로 보이는 것)을 만나기 위해 자기도 모르는 사이 많은 노력을 한다. 즉 "만나기 전에는 우연이지만 만나고 나서는 필연이다."

그러므로 이 세상에 완전히 우연한 만남은 존재하지 않는다. 우리는 한눈에 '숙명의 끈'에 이끌려서 사람을 만난다. 그리고 만남이 계속 쌓이다 보면 거기에 독특한 층과 켜를 가진 장場이 형성된다. 거기서 이루어진 만남의 의미는 그런 만남으로부터 나온 다양한 성과물로 한참 후에야 우리에게 모습을 드러낸다. 나의 경우, 우치다 선생의 저작을 한국어로 번역하고 매년 한국에서 열리는 선생의 강연을 통역하며 지인들과 함께 해마다 선생의 합기도장인 '개풍관'을 탐방하는 '성과'를 통해 선생과의 만남의 의미가 점점 깊어졌다.

이런 '딱·착 만남'으로 혼자서는 생각지도 못했을 일이 계속 일어났다. 한국과 일본에서 선생과 관련된 여러 행사를 기획하고 또 그 행사와 관련해 통역이나 번역을 했으며 선생의 소개로 모리타 마사오라는 독립연구자의 책도 번역했다. 그가 한국에서 진행했던 '수학연주회'의 통역도 맡았고, 급기야는 일본에서 한일 독립연구자 대담까지 했다. 이 모든 것이 선생과의 만남이 없었다면 일어나지 않았을 일이다.

그곳에 간 것은 순전히 나의 의사였다고 생각했지만 실은 어떤 보이지 않는 강한 힘이 나를 거기로 이끈 듯 여겨진다. 마치 나에게 어떤 '미션'을 맡기려는 듯한 힘이었는데, 말하자면 운동장을 열심히 달리다가 불현듯 오직 나만을 위해 마련된 특별한 트랙을 만난 느낌이라고나 할까. 그 트랙에서 '오직 나만이 할 수 있는 일이 있지 않을까?' 하는 행복한 착각에 빠져들었는데, 그것이 바로 나만의 '미션'이었다.

우치다 선생을 통해 느낀 '딱·착 인연론'은 이후 '딱·착 배움론'으로 진화한다. 철학자 자크 라캉은 그의 전설적인 '세미나'(동명의 책이 출간되었다)에서 청중에게 다음과 같이 말했다.

자신의 물음에 대답을 하는 것은 제자 자신의 일입니다. 스승은 강단 위에서 기성의 학문을 가르치는 것이 아닙니다. 스승은 제자가 대답을 찾는 바로 그 순간에 대답을 부여합니다.

라캉이 말한 "스승은 제자가 대답을 찾는 바로 그 순간에 대답을 부여한다"는 것은 어떤 의미일까? 아마도 대답을 찾는 것은 제자 혼자의 일이고, 제자가 자신의 힘으로 스스로 찾은 대답을 스승 안에서 사후적으로 '읽어 낸다'는 의미일 것이다. 다른 한편으로 생각하면, 제자가 대답을 찾은 바로 그 순간에 스승도 똑같은 대답을 말하려고 입을 연다는 것이다. 나의 '딱·착 배움론'은 후자의 해석에 기초한다. 사실 내가 말하려고 한 것을 바로 그 순간 상대방도 내게 말하려고 하는 일은 현실에서 일어나기 힘들다. 경제학에서는 이것을 '욕망의 이중적 일치'라고 부르는데, 이런 일은 천문학적 확률로밖에 일어나지 않는다. 그러면 라캉이 말한 것이 실제로는 어떻게 일어날까?

나는 다음과 같은 상황을 그런 경우라고 생각한다. 나에게 중요하고 반드시 손에 넣고 싶은 그것은 '내가 모르는 정보'이고, '그것을 모른다는 것을 나는 알고 있다는 정보'이다. '내가 아는 정보'는 말 그대로 이미 알고 있기 때문에 나에게 별로 의미가 없다. 동시에 '내가 모르는 것을 자각하고 있지 못하는 정보' 혹은 '그 정보의 결여에 대해서 불안하게도 불쾌하게도 생각하지 않는 정보'(가령 내 경우는 주식 정보나 교육학 관련 학술 잡지의 내용)는 나에게 전혀 의미가 없다.

그러므로 내가 귀를 쫑긋 세우고 듣는 말이 있다면 그것은 '알고 싶긴 한데 아직 모르는 것'과 관련 있다. 그런 말을 누군가가 할 때 나는 그것을 마치 마른 스펀지가 물을 빨아들이듯 나의 기억 저장고에 저장한다. 그리고 그 사람이 말을 끝냈을 때 그 말은 모두 나의 기억 저장고에 제대로 등록을 마친 상태가 된다. 그러면 어떤 일이 일어날까? 나는 아마도 상대가 말을 끝내는 바로 그 순간 그것과 한마디도 다르지 않은 '생각'이 내 안에 있다는 걸 발견하고 놀랄 것이다. "아니, 나도 당신과 완전히 똑같은 생각을 하고 있었는데!!!"

우치다 선생의 책을 처음 읽고 나는 이런 느낌이 들었다. "앗, 이건 내가 정교하게 표현하지는 못했지만 평소에 늘 생각하던 건데" "아, 그렇지 맞아. 이게 바로 내가 진짜 하고 싶었던 말이야!" "뭔가 안개 속을 걷는 것처럼 막연한 느낌이었는데 이 책을 읽으니 안개가 걷힌 느낌이야!" 이런 경험은 아마 나뿐만 아니라 다른 독자에게도 분명 있을 것이다.

이처럼 '딱·착 배움'은 '딱' 배움을 갈망하는 사람(뭔가를 알고 싶긴 한데 그것을 자력으로는 알 수 없는 사람)에게 '착'하고 열리는 선물과 같은 것이다. 내가 선생의 저작을 만나고 선생을 직접 뵙고 말씀을 듣고 선생의 사상을 통역하고 번역하면서 얻은 배움은 지금의 나를 지탱하는 버팀목과 같다. 내가 만약 선생을 만나지 않았다면 어떤 삶을 살게 되었을까? 그 상황을 나는 제대로 상상조차 할 수 없다.

역으로 그런 배움을 갈망하지 않는 사람에게는 아무리 훌륭한 스승이 앞에 나타나도 배움이 성립하지 않는다는 것을 이 '딱·착 배움론'은 잘 보여 준다. 늘 안테

나를 높이 세워서 감도를 최상으로 유지하는 사람, 즉 자신의 책임하에 뭔가를 끊임없이 갈구하는 자유로운 사람에게 '숙명' 혹은 '인연'은 열리는 법이고, '배움' 또한 열린다는 것을 우치다 선생을 만나며 알게 되었다.

이 책은 선생과의 숙명적인 만남을 통해서 그동안 내가 배운 것을, 나의 빈곤한 어휘꾸러미로는 다 길어낼 수 없는 그 수많은 배움을 낑낑대며 기술한 것이다. '말'이 되지 않는 것의 '말이 되지 않음'을 지키는 방법은 정성을 다해서 말하는 것밖에 없다는 영원한 배리背理를, 올곧게 짊어지고 있는 '학인'의 자세를 나는 우치다 선생에게 배웠다. 이 책이 배움을 갈망하는 누군가에게가 닿아서 '선물'이 되길 바란다.

{ 2 }

배움을 버려야 시작되는 배움

영국의 사회학자 존 스튜어트 밀은 20대 후반에 친구인 토머스 칼라일에게 다음과 같은 편지를 썼다.

세상을 읽어 내고 현상을 분석하는 방법이 변화하는 시대에는 늘 전진하며 자신의 사고와 타자의 사고로 부터 배우려는 자세를 견지하는 것과 동시에 그것들을 unlearn하는 것에도 똑같이 주의를 기울이던 정신이 어떻게 되었는가를 기술하는 것도 흥미롭고 유익한 일이라고 생각하네.●

● 『The Collected Works of John Stuart Mill』(University of Toronto Press, vol.1, p.5)에 수록된 「자서전」에서 발췌 번역.

여기서 'unlearn'이라는 단어를 처음 접하고, 직감적으로 이것이 '배움'learning이라는 개념을 탐구하는 데 중요한 보조선 역할을 할 단어라고 짐작했지만, 정확히 무엇을 의미하는지는 알 수 없어 얼른 사전을 찾았다.

unlearn

to make an effort to forget your usual way of doing something so that you can learn a new and sometimes better way.(평소에 늘 해 오던 방식을 애써 잊고자 노력함. 그럼으로써 새로운 것을 배운다든지 때로는 더 나은 방식으로 배우고자 함.)

[예문]

I had to unlearn the way I played guitar when I started taking formal lessons.(나는 정식으로 기타 수업을 듣기 시작하면서 기타 연주 방식을 unlearn 해야 했다.)

You'll have to unlearn all the bad habits you learned with your last piano teacher.(네가 요 앞 피아노 선생에게서 배운 나쁜 습관은 전부 unlearn 해야

할 거야.)

사전의 뜻풀이와 예문을 통해 유추해 보면 unlearn 의 사전적 정의는 "~을 일부러 잊는다" "어떤 지식을 '구속적인 것'으로 생각하고 버린다" "~하던 습관을 버린다"인 듯했다. 그렇다면 밀이 사용한 'unlearn'이라는 말은 일단 자신의 사고와 타인의 사고로부터 배운 것을 '잊는다'는 의미일까? '배운 것을 잊는다'는 것이 도대체 무슨 의미일까? 밀이 이 단어를 애써 사용함으로써 전하려던 메시지는 무엇일까?

나름대로 생각을 정리하려다 보니 문득 내가 번역했던 제임스 워치의 『보이스 오브 마인드』에 등장하는 러시아 철학자 미하일 바흐친의 다음과 같은 언명이 떠올랐다.

'말 속의 말'word in language은 반은 타자의 말이다. 그것이 '자신'의 말이 되는 것은 화자가 그 말 속에 자신의 지향과 억양을 살려 말을 지배하고 말을 자기의 의미와 표현의 지향성에 흡수할 때다. 이 수탈appropriation 의 순간까지 말은 중성적이고 비인격적인 말 속에 존재하는 것이 아니다(왜냐하면 화자는 언어를 사전에서 가져오는 것이 아니기 때문이다). 말은 타자의 혀 위에서, 타자의 맥락 안에서, 타자의 지향에 봉사해서 존재한다. 즉 언어는 필연적으로 타자의 것으로부터 획득해 자기의 것으로 해야 한다.

역시 바흐친이다. 이전에는 읽어 내지 못한 부분이 보였다. 새로운 개념을 제대로 이해하려면 사전적 정의를 그대로 차용하는 것이 아니라 일단 타자의 맥락과 시각 안에 존재하는 그 말을 빼앗아 와서 나의 지향과 억양과 호흡과 숨결을 실어 말을 재구성할 필요가 있다. 그런데 바흐친의 말을 음미하다 보니 새로운 물음이 떠올랐다. 그가 말하는 '타자'란 누구인가? 나는 어떤 타자를 찾아야 하는가? unlearn이라는 단어를 탐구하면 할수록 대답에 가까워지기는커녕 새로운 물음만 증폭했다. 그리고 이에 과부하가 걸려 단어를 잠시 잊고 있던 중 다시금 unlearn이 무엇인지 포착할 수 있는 귀한 글을 만났다.

전쟁 전에 뉴욕에서 헬렌 켈러를 만났다. 그는 내가 대학생이라는 것을 알고 이렇게 말했다. "나는 대학에서 많은 것을 배웠습니다. 그런데 나중에는 많은 것을

unlearn 해야 했습니다."I've learned many things. But later I had to unlearn.

unlearn이라는 말을 처음으로 들었지만 어떤 의미인지 알 수 있었다. 먼저 규격에 맞게 스웨터를 짜고 그다음에 그걸 다시 풀어서 자기 몸에 맞게 스웨터를 짜는 정경이 떠올랐다. 대학에서 배우는 지식은 물론 필요하다. 그러나 그것을 외우는 것만 가지고는 도움이 되지 않는다. 그것을 unlearn 하는 것이 피가 되고 살이 된다.

— 「쓰루미 순스케가 말하는 삶과 죽음에 대한 unlearn」(『아사히신문』 조간, 2006년 12월 27일 자)

쓰루미 씨의 스웨터 은유 덕에 나는 unlearn의 의미에 한 걸음 더 다가갈 수 있었다. 쓰루미 씨는 unlearn을 '学びほぐす'(마나비호구스)라는 단어로 번역했다. 마나비호구스는 '学び'(마나비)와 '解す'(호구스)가 결합한 말로 직역하면 '배운 것을 풀다'는 의미다. 즉 이 글에 따르면 unlearn에는 '해체'와 '재구축'의 행위가 포함되어 있다. 헬렌 켈러의 말도 좀 더 유심히 살펴보았다. 그는 '많은 것을 버렸다'는 뉘앙스로 unlearn이라는 말을 사용한 듯했다. 배운 것을 버리지 않으면 앞으로 나아갈 수

없는 느낌이라고 해야 할까? 배운 것을 내려놓지 않으면 그것이 방해가 되어 새로운 배움이 불가능하다는 것을 절감했다고 해야 할까? 그러고 보면 헬렌 켈러가 사용한 unlearn이라는 단어의 의미는 극작가 조지 버나드 쇼가 다음 문장에 쓴 learn의 의미와도 일맥상통한다.

You have learnt something. That always feels at first as if you had lost something.(당신은 뭔가를 배웠군요. 그런데 그것은 늘 처음에는 뭔가를 잃은 듯이 느껴지는 법입니다.)

쇼의 이 말을 접하고 배운다는 것은 애당초 unlearn의 과정을 포함하고 있는 것이 아닐까 하는 데까지 생각이 이르렀다. 즉 밀, 바흐친, 켈러, 쓰루미, 쇼가 전해 준 이 '선물'을 통해서 나는 unlearn이라는 번역하기 힘든 말을 굳이 낑낑대며 번역하기보다는 배움이라는 말의 의미를 조금 더 풍부하게 구축해 나가는 과정이 필요하겠다는 깨달음을 얻었다.

성장의 시기는 단계적으로 찾아오지 않는다

일본에는 '분라쿠'文楽 혹은 '닌교조루리'人形浄瑠璃라고 하는 전통 인형극이 있다. 무대 옆에서 악공이 샤미센이라는 현악기로 반주를 하고 태부太夫가 가락을 붙인 내레이션을 읊으면 명인들이 등장해서 인형을 조종한다. 독특한 것은 인형 하나를 세 명이 조종한다는 점이다. 셋 중 리더인 '오모즈카이'主遣い는 머리와 오른손, '히다리즈카이'左遣い는 왼손, '아시즈카이'足遣い는 다리를 움직인다. 아시즈카이는 오랜 수련을 거쳐 히다리즈카이가 되고, 히다리즈카이가 또 오랜 수련을 해 오모즈카이가 된다.

언젠가 요시다 분고로吉田文五郎라는 인형극 명인의 수행기를 읽은 적이 있는데 아시즈카이 역할을 스승에게 일대일로 배우는 것은 애당초 불가능한 일이라고 한다. 분고로 역시 열다섯 살에 요시다 타마스케吉田玉助라는 명인의 제자로 들어가서 스승의 뒷바라지 같은 잡무를 하며 태부의 내레이션과 박자 등을 익히고 거울을 보며 혼자서 인형을 다루는 수련을 했다. 보통 인형 다루는 요령을 터득해서 다리를 움직이는 데까지는 3~4년, 왼손을 움직이는 데까지는 5~10년, 스승의 도움을 받지 않고 혼자 공연을 할 수 있기까지는 20~30년의 수행이 필요하며, 이런 관행이 분라쿠 세계에서는 너무나 당연한 일이라고 한다.

분고로가 아시즈카이로 수행하던 시절 그의 스승이던 오모즈카이는 분고로가 박자를 맞추거나 힘을 넣는 방식이 나쁘다며 늘 불호령을 내리며 나막신으로 밀치거나 때리기 일쑤였다. 그러던 어느 날 한 장면 때문에 열흘째 같은 부분에서 야단을 맞던 그는 결심한다. '오늘도 나막신이 날아오면 무대에서 스승님을 넘어뜨리고 인형극을 엉망으로 만들어 버릴 거야. 그리고 도망가야지.' 무대에 서자 순간적으로 스승의 위엄에 몸이 움츠러들었지만 마음을 다잡고 있는 힘을 다해 공연을 시작했다. "핏발이 선 눈, 부들부들 떨리는 손으로 다리에 힘을 가득 싣고 탁, 탁, 탁 마룻바닥이 부서지듯 밟으면서…… 마지막 부분에는 있는 힘, 없는 힘을 다 짜내 땅바닥을 밟았"다. 그리고 스승의 나막신을 붙잡고 뒤집어엎으려던 순간, 뜻밖에도 작지만 저력 있는 목소리가 들려왔다. "잘하네."

분고로의 이 에피소드는 배움의 '비단계성'을 잘 보여 주는 사례다. '배움의 단계성'에 속수무책으로 묶여 있던 탓에 그전까지는 스승이 가르친 범위 내에서만 인형을 움직이던 분고로가 그때까지 쌓아 온 배움을 완전히 깬 순간이라고 볼 수 있기 때문이다. 이날 분고로는 스승을 뒤집어엎을 결의로 힘주어 무대를 꾸렸다. 그야말로 죽을힘을 다했을 것이고 바로 그 자세에 스승은 '잘하네' 하는 칭찬을 툭 던졌다. 그 순간 분고로는 깨달았다. '오늘까지는 내 힘이 부족했다. 죽을 각오로 임하지 않았다. 모양만 흉내 냈지 혼이 들어가지 않았다. 스승님이 인형에 쏟는 최선을 다하는 마음가짐이 내 엉성한 다리에서는 매번 빠져 있었다. 야단맞던 게 당연하다. 그렇지, 그렇구나!' 그러고는 무대 뒤에서 눈물을 흘렸다. 이것이 스승 덕분에 찾은 '예도藝道의 입구'였고 이후 60년 가까이 분고로는 한눈팔지 않고 인형극의 길을 걸었다.

이 이야기를 읽고 배움은 이미 그 자체만으로도 '획득' 혹은 '소유'의 개념을 포함하고 있고, 동시에 '버림' '잊어버림' '잃어버림' '해체' '재구축' '단절' '비약'과 같은 행위들이 그 안에서 공존하고 있다는 생각이 더욱 강해졌다. 배움이라는 행위 안에 포함되어 있는 이런 행위들이 모두 unlearn의 개념에 해당하는 게 아닐까?

버림과 단절이라는 단어에서는 애벌레가 나비로 변하는 과정도 연상되었다. 몸통의 주름 수가 늘고 골이 깊어진다고 해서 애벌레가 바로 나비가 되는 것은 아니다. 세월이 흐르며 지식이 축적되었다고 해서 바로 성숙이나 변신으로 이어지는 것은 아니라는 말이다. 성숙과 변신은 다음 단계로 한 칸, 두 칸 사다리를 올라 마지막 칸과 같은 특정한 지점에 이르면 으레 일어나는 그런 일이 아니다. 오히려 그 사다리를 던져 버릴 때 다른 세계로 진입하는 참다운 길이 비로소 열린다. 주름의 수와 골의 깊이는 애벌레의 문제이지 나비의 문제가 아니다. 애벌레의 '마지막'이라는 어떤 특정한 단계에 나비가 있는 것이 아니라, 애벌레가 자신을 스스로 버리고 과거와 단절하는 행위를 통해 비약해야 나비는 탄생한다.

스티븐 스필버그가 연출한 영화 「레이더스」를 보면 주인공 인디아나 존스가 적들에게 쫓기다가 오도 가도 못하는 천길 낭떠러지 절벽을 만나는 장면이 있다. 이때 존스 박사는 체념한 듯 눈을 감고 다리 한쪽을 절벽 쪽으로 내민다. 그런데 그 순간 다리 하나가 생겨난다. 그 기적적으로 생긴 다리 덕분에 박사는 목숨을 구한다. 나는 이 장면도 진정한 배움의 비유라고 생각했다. 진정한 배움은 '목숨을 건 도약'이다. 내가 스승으로 삼은 사람이 정말로 나를 나의 목적지에 데려다줄 것인지 아닌지, 어떤 보증도 없는 상태에서 일단 뛰어드는 것. 그 결단을 내릴 수 있는 사람만이 자신의 한계를 넘어서서 지적으로, 인격적으로 기존의 자신에서 미지의 자신으로 탈피할 수 있다. 그 미지의 자신이 바로 '나비'인 것이다.

애벌레와 나비의 비유를 통해 성숙에는 반드시 단절과 비약이 필요하다는 것과 배움의 궁극적 목적은 성숙이라는 사실을 알았다. 이런 사유의 과정에서 배움이란 고도를 계속 높여 가는 과정, 즉 '전망이 좋은 곳으로 이동하는 것'이라는 감각도 느끼게 되었다.

그러다가 우치다 선생이라는, 그야말로 '끊임없이 배우는 스승'을 우연히 만났다. '배움'에 대한 선생의 정의는 '배움'에 대한 내 가설의 버팀목이 되어 주었고, 내가 미처 보지 못한 배움의 지평을 열어 보여 주었고, 나아가 내가 계속 배워야 할 이유를 명확하게 제시해 주었다. 동시에 배움에 대한 나의 편협한 정의를 흔들어 주기도 했다.

우치다 선생의 배움론

우치다 선생은 여러 책을 통해 '배움'을 '물건 구입' 행위와 대비시켜 명쾌하게 정의해 왔다. 물건을 사는 사람은 사기 전에 자신이 살 물건의 가치와 의미를 안다. 구매하기 전에 물건의 가치를 알 권리가 있고, 알아야 하는 의무도 있다. 또한 구매자, 즉 물건을 사는 주체는 '무시간적 존재'다. 상점에 들어갈 때의 모습과 물건을 사서 나올 때의 모습이 조금도 다르지 않다. 반면에 배우는 사람은 자신이 앞으로 배울 것의 의미와 가치를 잘 모른다. 모르는 상태에서 배움이라는 행위에 말려든다. 배우고자 하는 마음은 언제나 배움에 뒤처질 수밖에 없다. '나도 모르게 이미 배우고 있는' 그 미묘한 타이밍을 느끼지 않고서는 배움이 시작되지 않는다. 배우기 시작했을 때와 배우는 도중, 그리고 다 배운 뒤의 배움의 주체는 각각 완전히 다른 인간으로 존재한다. 이것이 배움이라는 과정에 몸을 던진 모든 주체의 운명이다.

배움은 배움이라는 하나의 상품을 바구니에 넣을 때마다 쇼핑을 하는 사람이 그것을 사기 전과는 다른 사람이 되는 것이고, 나아가 쇼핑 바구니의 재질과 크기, 모양까지 달라지게 하는 역동적인 과정이라는 것. 이것이 내가 이해한 우치다 선생의 배움론이다. 수영을 못하는 사람이 수영을 배운다는 것은 기존의 지식에 새로운 지식을 추가하는 것이 아니다. 땅 위를 걷고 호흡하는 것과는 전혀 다른 몸의 사용 방식을 습득하지 못하면 헤엄을 칠 수 없다. 그것은 삶의 방식 자체를 근본적으로 바꾸는 것이다. 배움이라는 것은 본래 이런 것이다. 마치 전자電子의 움직임이 가시광선의 '두께'를 견디지 못하듯이, 한없이 내밀하고 자율적으로 살아서 뛰는 실존의 문제는 쌓고 계측하는 논리의 규준을 견디지 못한다. 쌓아서 구원에 이르는 자의 기층은 예외 없이 '바벨탑 무의식'(어떻게든 쌓고 또 쌓기만 하면 결국 진리나 섭리 따위에 가닿을 거라는 무모함과 어리석음)을 감추고 있다. 배움은 사재기가 아니다. 그것은 터져 나오는 경험이고 무너지는 절망이며 부서지는 아픔, 아득해지는 지평, 망연해지는 상실이다. 벽을 밀치고 선을 넘어가는 분출, 이것이 바로 배움의 본질이다.

　　배움이란 애당초 배우려고 한 것 이외의 것을 배우고, 배우려고 한 것 이상의 것을 배우는 역동적인 과정이며 아직 알지 못하는 미지에 계속 열리는 과정이라는 것을 우치다 선생께 배운 건 정말로 큰 수확이었다. "배운다는 것은 배우기 전과는 다른 사람으로 거듭나는 과정"이라는 새로운 어휘꾸러미도 얻었다. 그 새로운 어휘꾸러미들은 다음과 같이 정리할 수 있다. 배움의 과정에서 반드시 따라붙는 '단절'과 '비약'은 단지 지식을 늘여 나가는 것만으로는 이룰 수 없는 것들이다. 배운다는 것은 자기가 무엇을 모르는지 아는 것이다. 자신의 지식에 관한 지식을 갖는 것이다. '지식을 늘이는 것'은 동일 평면상에서 수평 이동 영역을 확대하는 것이다. 반면 '지식에 관한 지식을 갖는 것'은 계단을 오르는 수직 이동이다.

돌이켜 보면 이때까지 나는 사다리, 애벌레와 나비, 계단 비유를 통해 배움이란 어딘가에 분명히 있을 '정상'을 향해 오르는, '고도를 올리는 일'이라고만 생각했던 것 같다. 그런 내 생각을 우치다 선생의 다음 글이 뿌리부터 흔들었다.

배움의 시작점에서 자신이 무엇을 하고 싶은지, 무엇이 되고 싶은지는 알 수 없다. 배운 후에 사후적·회고적으로만 자신이 한 것의 의미를 알 수 있다. 그것이 '성장'한다는 것이다. "나는 이러저러한 과정을 밟아서 이만큼 성장하려고 합니다" 하고 말하는 아이가 있다면 그 아이에게는 성장할 찬스가 없을 것이다. '성장한다'는 것은 지금까지는 몰랐던 도량형으로 자신이 한 일의 의미와 가치를 따져 보고, 지금까지는 몰랐던 논리로 자신이 해 온 행동을 설명할 수 있게 되는 것이기 때문이다.

선생의 글은 성실하게 '고도를 올리는 것'만이 능사가 아니라 정성스럽게 '고도를 내리는 과정' 또한 배움에서는 반드시 필요하다는 것을 깨우쳐 주었다. 그리고 배움을 바둑에서 말하는 '복기'에 비유해 볼 수도 있겠다고 느끼게 했다. 많이 알려진 스티브 잡스의 스탠퍼드 대학 졸업 축사에서도 비슷한 맥락의 이야기를 발견할 수 있다.

당시 리드칼리지는 미국 최고의 서체 교육을 제공했습니다. 학교 곳곳에 붙어 있는 포스터와 서랍에 붙어 있는 상표들 (……) 그것은 과학적인 방식으로는 도저히 표현할 수 없는 아름답고 유서 깊으며 예술적으로 미묘한 것이어서 곧바로 매료되고 말았습니다. 당시는 이 중 어느 하나도 제 인생에 실질적으로 도움이 될 것 같지는 않았지요. 그러나 10년 후 우리가 첫 번째 매킨토시를 설계할 때 그것이 고스란히 빛을 발했습니다. 우리가 만든 매킨토시에 그 기능을 모두 담았으니까요. 이렇게 해서 최초의 아름다운 서체를 가진 컴퓨터가 탄생했습니다. 만약 제가 그때 서체 수업을 듣지 않았다면 오늘날 컴퓨터에는 이런 아름다운 것들이 없었을 겁니다. 매킨토시 운영 방식을 따라한 윈도에도 그런 기능이 없었을 테니까요.

우치다 선생과 스티브 잡스는 하나같이 성장을 오로지 전진하는 것forward만이 아닌 뒤를 돌아보며 나아가는 것backward으로 묘사했다. 한 걸음 걸을 때마다 자신이 걸어 온 길의 의미가 변하는 것, 익숙한 풍경이 변하고 자신이 경험한 일의 의미가 달라지는 것이 배움을 통한 성장이다. 비슷한 맥락에서 시인 T.S. 엘리엇의 다음 언명도 내게 배움에 대한 새로운 지평을 열어 주었다.

모든 탐구의 끝은 출발의 땅에 당도하는 것 그리고 그 땅을 비로소 아는 것이다.

출발한 지점과 돌아온 지점은 언뜻 똑같이 보이지만 실은 다르다. 그리고 그 미미한 차이도 인생에 색채를 더하며 점점 사라져 간다. 나는 『회화분석』이라는 책을 통해 인간의 삶의 자명성, 복잡성, 일리성을 해부하는 것을 목적으로 하는 '에스노메소돌로지'Ethnomethod-ology●와 거기서 파생된 '회화분석'에 대한 나의 연구 과정을 다루었는데 그 또한 엘리엇의 말과 유사하다. 예를

● 미국의 사회학자 가핑클이 만든 말로, 사회 구성원들이 일상의 언어와 행동을 통하여 사회 질서를 구축하는 방법을 연구하는 이론.

들어 '회화분석'을 제대로 탐구하려면 먼저 과학이란 무엇인가 하는 탐구부터 시작해 과학의 확장 가능성, 사회학과 언어학의 기본 개념, 사회학과 언어학의 역사, 사회학과 언어학에서 '회화'라는 행위를 왜 연구 대상에서 제외하게 되었는가에 대한 공부가 필요하다. 그리고 앎과 삶이 통하는 공부를 위해서는 우리가 늘 하고 있는 '회화'를 제대로 포착할 수 있는 새로운 분석 방법 등에 대한 철저한 공부 또한 무엇보다 필요하다. 그렇게 점점 고도를 올리는 탐구 작업을 하고 나면 우리는 '회화'라는, 처음의 '출발의 땅'으로 돌아오게 된다. 그런데 그때의 '회화'는 이미 '회화분석'을 제대로 탐구하기 이전에 우리가 알던 그 '회화'가 아니다. 회화분석을 위한 배움은 '회화'라는 처음 출발의 땅으로 다시 돌아와 '회화'가 무엇인지를, '회화'가 인간의 삶에 어떤 의미가 있는지를 그리고 왜 우리가 평소에 회화를 나누는지를 비로소 제대로 알게 하는 것이다.

이렇게 본다면 '지식'은 목표를 향해 전진 운동하고 고도를 올리는 것으로부터 생겨나는 반면에 '지혜'는 왔다 갔다 하는 왕복운동에서 싹튼다고 말할 수 있을 것이다. 비유하자면 지식에는 '앞으로 몸과 마음을 기울이는 것'이 필요하고, 지혜에는 '역방향의 공중제비'가 필요하다. 그리고 배움은 '지식'이 아닌 '지혜'를 추구하는 활동이라고 할 수 있다. 정토신종淨土眞宗의 창시자인 신란親鸞은 '왕상'往相과 '환상'還相이라는 말로 이런 사태를 훌륭히 설명한다.

'왕상'은 여래 자신의 공덕을 모든 사람에게 돌려서 맹세하고 함께 석가여래불의 안락정토에 태어나는 것이다. 반면 '환상'은 태어난 후 마음의 혼란을 바로잡은 정신의 통일과 옳은 지혜를 통한 대상의 관찰, 나아가 정교한 방법을 구사하는 힘을 모두 완성한 후 다시 삶과 죽음이 있는 혼돈의 밀림으로 돌아가서 모든 이를 가르침으로 이끌어 함께 깨달음으로 향하게 하는 것이다.

이것은 굉장한 이야기다. 세상 모든 게임은 '위로 올라가는 것'으로 끝나는 것이 당연한데 이 불교 판의 게임에서는 "이겼다!"라고 생각한 사람은 도로 출발점으로 되돌아가 다시 '위로 올라가는 것'을 목표로 한다. 그것도 이번에는 혼자가 아니라 번뇌에 빠진 사람들과 함께한다. 연구자가 걸어야 하는 길은 어떠한 길인가를 생각할 때마다 나는 엘리엇의 '출발의 땅에 다시 돌아오는 이야기'와 신란이 이야기하는 '환상'의 여정이 항상 떠오른다.

산에 오름으로써 '남들이 우러러보는 사람'이 되는 것이 '지식'이라고 한다면, 홀로 정상에 오른 후 산에서 내려와서 저잣거리의 사람들과 함께 산을 오르는 것을 '지혜'라고 할 것이다. '에스노메소돌로지'와 '회화분석'의 정신을 배우는 것, 아니 그뿐만 아니라 모든 종류의 제대로 된 배움 또한 지혜의 길을 찾아가는 여정에 비유할 수 있다.

그러고 보면 우치다 선생의 연구 주제이기도 한 '배움이란 무엇인가'를 기술할 때 사용하는 화법과 문체는 학술 언어와 생활 언어의 절묘한 조합이며 실로 다채로운 비유로 많은 사람이 알아듣기 쉽도록 정성을 다해 쓰고 말한다는 것을 알 수 있다. 선생의 이러한 학인으로서의 태도는 홀로 고도를 올려 가며 묵묵히 정상에 이르렀다가 그 과정에서 얻은 많은 귀중한 지혜를 가지고 출발의 땅으로 되돌아와서 한 명이라도 더 많은 이들과 함께 배움의 여행을 즐기려는 마음씨 좋고 친절한 안내자 같기도 하다.

물론 배움이란 무엇이고 그것이 왜 중요한가에 관해서는 이 책에서도 다양한 각도에서 우리 삶과 가장 가까운 소재로 알뜰히 기술하였다. 그런데 오해를 할 수 있을 것 같아 급히 첨언하자면 뭔가(여기서는 배움)를 엄밀하게 기술하는 것의 최고 이점은 뭔가를 밝혀내는 것에 있는 것이 아니라 역설적이게도 기술하면 기술할수록 우리 인간이 수행하는 기술에 의해서는 '날 것'(여기서는 배움)을 제대로 길어 올릴 수 없다는 불능을 스스로 깨닫게 한다는 것이다. 그리고 그 무능 혹은 불능의 감각을 우치다 선생은 온몸으로 보여 준다.

우리가 기술하고자 하는 대상은 매번 그 기술하는 것으로부터 미끄러진다. 천 마디의 말로도 눈앞의 꽃송이 하나 사실적으로 묘사할 수 없다. 나는 우치다 선생이 그의 연구 주제 중 하나인 '배움의 역동성'을 조감해서 포착하는 것을 한 번도 성공하지 못했음을 잘 알고 있다(실제로 당신이 그렇게 말씀하고 계시니 그것은 틀림없는 사실일 것이다).

그런데 역설적으로 그러한 무능감과 불능감에 대한 자각이야말로 우리로 하여금 배움에 대해 쉴 새 없이 기술하도록 추동하는 원동력이라고 생각한다. 기술(혹은 사생)이 우리에게 통절히 가르쳐 주는 것은 '날 것'의 무한성과 개방성 그리고 그것에 대한 인간의 기호화 능력이 놀랄 만큼 빈곤하다는 사실이다.

그런데 말 혹은 기호가 되지 못하는 것을 극복하는 방법은 정성을 다해서 알뜰하게 삶의 편린을 살피고, 살뜰하게 그것을 캐내고, 정성스럽게 길어 올릴 수 있는 '어휘꾸러미의 발명'밖에 없다는 영원한 부조리를 우치다 선생은 올곧게 짊어지고 있다. 선생의 말은, 외람되지만 '미완의 말'이다. 그리고 제자인 나의 역할은 스승의 미완의 말에 쉴 새 없이 '화답'하는 것이다.

II

선생을 만나기 전 배운 것들

{ 3 }

꼬투리 사냥꾼과의 싸움 끝에 만난 소용돌이

대학 교수로 일하던 때 '학회'라는 곳에 논문 투고를 해야 했다. 당시 이미 나는 '학회'學會라는 언어가 '배우는 모임'이라는 제 의미를 잃어버려 말과 뜻이 따로 놀고 문자와 대상이 겉돌며 기호와 지시물 사이에 틈이 난 것에 진저리를 치고 있었다. 그럼에도 교수직을 유지하려면 1년에 몇 편 이상 논문을 써야 한다는 규정이 있었고, 기준에 미치지 못한 논문 실적은 재임용 시 결격 사유가 되니 의미를 잃어버린 학회라도 투고를 위해 논문을 써야 했다.

　　지금이나 그때나 글쓰기는 이미 일상이었기에 논문을 쓰는 것은 부담스럽지 않았지만 대한민국의 권위 있는(?) 학술지 단체에서 요구하는 글쓰기 (심사) 기준을 맞추는 것은 꽤 까다로운 일이었다. 내가 쓰는 논문은 제목부터가 여타의 일반적인 교육학 논문과는 결이 달랐다. 가령 「마리는 과연 요리를 만들었는가?」, 「학습의 사회적 특질에 관해서 아무도 말하지 않는 것 같아서 내가 말하게 되었다」와 같은 식의 제목이거나, 교육학 논문에서는 금기시하는 구어체나 감성적인 일상어로 쓴 내용의 논문이었다.

그러다 보니 애당초 제목 때문에 게재 불가 판정을 받는 경우가 많았다. 운이 좋아 제목이 겨우 통과하더라도 그다음엔 주제가 문제였다. 장르 불명인 내 논문 주제는 '한국학술진흥재단'에 등재되는 학술지의 심사에서 사활적으로(?) 중요시되는 '이것을 과연 교육학 논문이라 할 수 있는가' 하는 판결 기준을 통과하기 어려웠다. 그랬던 처지라 내 논문은 호의적인 평가를 받은 경우가 극히 드물었고, 논문 투고 뒤 돌아오는 심사평도 대체로 비슷한 반응이었다. 심사자가 모르는 내용이라면 '학술적으로 전혀 가치 없다'고 평가되고, 심사자가 조금이라도 알고 있는 내용이라면 엄청나게 부풀린 자신의 지식을 무기 삼아 일방적으로 피심사자를 지적하거나 깔아뭉갰다. 내가 다룬 주제를 심사자가 모를 수도 있다는 것은 충분히 일리가 있다. 연구 주제부터 연구 방법, 논의의 전개 방식 면에서 나와 비슷한 스타일을 추구하는 연구자를 당시 국내에서는 찾기가 쉽지 않았다(사실 지금도 마찬가지다).

각자 특정한 사회·문화에 속해 있는 우리는 대부분 자신이 모르는 것이라면 가치를 과소평가하는 경향이 있다. 누구도 예외가 아니며 나 역시 그렇다. 그렇기에 연구자가 가장 먼저 해야 하는 일은 자신이 모르는 학술 정보의 가치를 적절하게 '평가'하는 것이다. 그런데 내가 만난 대부분의 심사자는 자신의 무지에 대해서는 일언반구도 않고 상대의 무지에 관해서는 "이런 것도 모르냐?"는 식으로 지적하곤 했다. 그가 말하는 "이런 것"이 왜 논의의 시작점에 있어야 하는지를 설명해야 할 책임도 느끼지 못하는 것 같았다.

하지만 지성의 기능에 대해 반성의 태도를 보이는 연구자라면 자신에게 먼저 이렇게 물어볼 것이다. 나는 왜 어떤 것은 알고 있고 그것과 다른 것은 모르는 걸까? 내가 뭔가를 알고 싶다고 생각하고 또 다른 어떤 것은 알 가치가 없다고 생각하는 것은 어떠한 선별 기준에 따른 것일까? 그 선별 기준에는 일반성이 있는가? 있다면 그 일반성은 어떻게 학술적으로 기초가 마련되는가?

이런 물음은 '나의 지知는 어떻게 성립해 왔는가'와 같은 메타적 사고를 할 수 있도록 그 사람을 이끈다. 나는 이런 사고를 '지에 관한 지'라고 부른다. 그리고 연구자는 모름지기 '지식을 가진 사람'이 아니라 '자신이 가진 지식에 관한 지식을 가진 사람'이라고 생각한다. 따라서 자기가 아는 것은 당연히 알 가치가 있는 것이고 자기가 모르는 것은 당연히 알 가치가 없다는 식의 무반성적인 태도를 가진 심사자를 상대하면 엄청난 지적 피로감을 느꼈다.

나는 그들을 공공연히 '꼬투리 사냥꾼'이라고 불렀다. 그리고 그런 '꼬투리 사냥꾼'을 만날 때마다 왜 저들은 자신이 아는 정보에는 과대하게 높은 점수를 매기면서 자신이 모르는 정보나 자기와 다른 스타일에 관해서는 전혀 알 가치가 없다고, 저렇게나 천진스럽게 믿을 수 있는지 곰곰 탐색했다. 고민 끝에 나는 그들이 파괴하는 것을 선호한다고, 즉 채워지지 않는 자기 전능감에 허덕이고 있다고 결론 내렸다. 자신의 그릇에 맞지 않는 자아 존중감을 가진 사람은 절대 채워지지 않는 전능감에 허덕이게 되고, 그런 사람일수록 창조적인 일을 싫어하며 뭔가를 늘 파괴하는 삶의 방식을 선택하기 마련이다.

새로운 것을 창조하는 일은 아주 개인적이고 구체적이다. 그것은 개인의 고유명이 태그로 붙은 '작품'을 사람들 앞에 당당히 내놓고 그들의 시선에 노출되어 그것을 견디며 그들의 평가를 담담히 기다리는 일이다. 그래서 나는 논문을 쓸 때마다 거의 예외 없이 '나'가 들어가는 일인칭 글쓰기를 고수했다. 이것은 어떤 의미에서 창조의 무서움을 아는 사람만이 할 수 있는 일이다. 도망가지도, 숨지도 않겠다는 의미다. 자신이 만들어 낸 것이 여기 있고 자신이 어느 정도의 그릇을 가진 사람인지를 통째로 드러내는 일이다. (채워지지 않는) 전능감을 우선해서 추구하는 이른바 꼬투리 사냥꾼들은, 그래서 아무런 '작품'도 내놓지 않고 타인의 것(글과 생각)에 아무렇지 않게 무자비한 평가를 할 수 있는 것이다.

당시 내가 제출한 논문이 게재 불가 판정을 받는 일은 다반사였는데 그로 인한 절망감과 피로감도 컸지만, 사실 나를 가장 압박한 것은 '학술이란 무엇이고 학술은 왜 있어야 하는가'와 같은 생각에 대해 진지하게 대화할 수 있는 동료 학인이 주변에 한 명도 없다는 고독감이었다. 그런 승산 없는 싸움의 나날을 보내던 어느 날, '뭔가에 이끌리듯' 일본 아마존 웹 사이트에 들어가 몇 가지 검색어를 입력해서 책을 찾기 시작했다. 학술, 저잣거리, 앎과 삶 등등. 지금도 그렇지만 당시 나는 모든 '앎'의 원천은 '삶'이고 따라서 연구자는 '앎'과 '삶'이 통하는 연구와 그에 걸맞은 글쓰기를 해야 한다는 신념이 어느 때보다 강했다. 이런 내 생각을 지지해 주고 뒷받침해 줄 수 있는 연구자가 국내에 없다면 일본 어딘가에는 있지 않을까 하는 근거 없는 기대로 '저잣거리', '학술', '앎과 삶의 통풍' 같은 키워드를 계속해서 검색 창에 띄웠다. 그러다 우연히 건진 책이 우치다 선생의 『저잣거리의 미디어론』이었다. 이 책과 만나면서 나는 우치다 선생과의 행복한 사제 관계라는 소용돌이에 말려들었다.

{ 4 }

내가 모르는 세계를 청취하다

초등학생 때 4~5년 정도 교회를 다닌 적이 있다. 꽤 열심히 다녀서 지금도 주기도문과 사도신경 정도는 외우고 있고 찬송가도 몇 곡 기억해서 부를 수 있을 정도다. 매년 여름 방학이면 교회에서 주최하는 여름 성경 학교에도 빠짐없이 참가했다. '여름 성경 학교의 꽃'이라고도 불리는 성경 퀴즈 대회에서 몇 번이나 우승한 경험도 있다. 초등학교 4학년 때도 그해 여름 성경 학교에 참가했고, 당시 성경 퀴즈 대회에 다음과 같은 문제가 출제되었다.

"창세기 12장 1절에 나오는 하나님의 말씀은 무엇입니까?"

당시만 해도 꽤 영특한 소년이었던 나는(지금의 나를 보면 믿기 어렵겠지만) 웬만한 성경 구절은 다 외우고 있었다. 그러니 내게 그 문제는 그야말로 식은 죽 먹기였다. 곧바로 손을 들어 "여호와께서 아브람에게 이르시되 너는 너의 고향과 친척과 아버지의 집을 떠나 내가 네게 보여 줄 땅으로 가라" 하고 답을 말하고는 의기양양한 표정을 지으며 이렇게 덧붙이기까지 했다. "아브람은 주의 목소리를 들은 것을 계기로 자신의 이름을 '아브라함'으로 바꾸게 됩니다." 이렇게 그해 성경 퀴즈 대회에서도 우승했다. 그런데 당시 나는 그 구절을 모두 암기하고는 있었지만 그 구절의 의미는 전혀 몰랐고 알려고 하지도 않았다. 그저 나의 기억 저장고 속에 이 구절을 계속 보관만 하고 있었다. 그러다 우치다 선생의 저작을 만나며 잠들어 있던 이 구절을 극적으로 소환했다.

일본 아마존에서 이런저런 검색어를 조합하며 무모할 정도로 검색에 매달린 결과 처음으로 만난 책이 앞서 이야기했듯 『저잣거리의 미디어론』이다. 꼬투리 사냥꾼들과의 승산 없는 싸움에 지친 나머지 거기서 빠져나갈 수 있는 탈출구를 애타게 찾으며 여러 조합어로 '무작정 검색 창 두들기기'를 하다가 처음으로 만난 책이었다. 곧 바로 해외배송으로 주문해 일주일 만에 책이 도착했다. 나는 그렇게 전격적으로 우치다 다쓰루 선생과 만났다.

이 책에서 나는 그동안 들은 적도, 읽은 적도 없는 종류의 예지銳智의 말을 접했다. '예지'라는 말이 조금 어렵다면 그냥 '굉장한 이야기' 정도로 생각해도 괜찮겠다. 이전에 읽고 들은 적 없는 말이었지만 틀림없이 제대로 음미하고 이해하지 않으면 안 될 말이 세계 저편에서 벽을 뚫고 내게 다가오는 느낌이었다. 메시지의 의미를 다 이해할 수는 없었지만 메시지가 나를 향하고 있다는 느낌은 확실했다.

'메시지의 의미를 이해하는 것'과 '자신이 그 메시지의 수신인이라고 확신하는 것'은 조금 다른 수준의 문제다. 이때는 몰랐지만 메시지의 '수신처 수준'을 '이해 수준'보다 우선시하는 결단이 '일신교 신앙'의 기점이라는 것도 나중에 우치다 선생의 저작을 통해 알게 되었다. 그러고 보면 나는 책을 통해 선생을 처음 만나며 일종의 종교적 체험을 한 것이다. 메시지가 나를 향하고 있다는 느낌을 받은 것은 앞서 언급한 초등학교 4학년 때 무작정 외워 읊었던 성경 구절이 문득 떠오르는 순간이었다.

여호와께서 아브람에게 이르시되 너는 너의 고향과 친척과 아버지의 집을 떠나 내가 네게 보여 줄 땅으로 가라.

새삼 이 하나님의 말이 아브라함에게 어떤 식으로 들렸을까 진지하게 생각해 보았다. 하나님의 말은 아마도 천둥과 땅이 울리는, 폭풍 소리처럼 도저히 인간의 목소리로는 여겨지지 않는 일종의 비분절된 음향으로 그의 귀에 닿았을 것이다. 신이 인간과 똑같은 어휘로 똑같은 문법으로 그리고 똑같은 음운으로 말할 리는 없을 것 같아 나름대로 일리 있다고 생각되는 추측이었다. 여호와가 무슨 말을 하고 있는지 아브라함이 곧바로 이해할 수 없었을 테지만 단지 한 가지만은 아브라함도 알 수 있었을 것 같다. '신이 나를 수신자로 정해 뭔가를 말하고 있다'는 것. 그것만큼은 아브라함도 확실히 알 것 같았고 그래서 그 뭔가를 더 잘 들으려면 웬일인지 지금 '여기'와는 다른 장소로 나가야 한다고 생각했을 것이다.

아브라함의 이런 행위는 라디오 튜닝에 비유할 수 있다. "너의 고향과 친척과 아버지의 집"은 이른바 아브라함이 태어나 그때까지 살면서 쭉 익숙한 주파수대를 가리킨다. 거기를 왔다 갔다 하는 전파라면 쉽게 수신할 수 있다. 거기서 교신하는 메시지의 의미라고 하면 알 수 있다. 그런데 어느 날 갑자기 평소에 잘 들리던 주파수에서 치직거리는 소리만 들린다. 아브라함은 문득 '원래 주파수와는 다른 주파수대'가 이 세상에 존재하고 '여기'에서는 들을 수 없는 메시지가 거기에서는 들리지 않을까 하는 생각이 들었다. 그리고 왜인지는 모르겠지만 그 메시지의 수신인이 자신이 아닐까 하는 생각도 하게 된다. 그래서 치직거리는 잡음을 보다 깨끗한 소리로 듣기 위해 튜너를 계속 돌리고 그것도 안 되면 안테나의 방향을 바꾸기도 하고 그래도 안 되면 아예 안테나 설치 장소를 계속 옮겼다. 그것이 아브라함의 '여행'이 지닌 본질이 아니었을까.

모든 텍스트가 다 그런 것은 아니겠지만 사람은 어떤 텍스트를 접했을 때 자기 해체를 하지 않으면 안 되는 경우를 만나기도 한다. 일단 나는 우치다 선생의 책을 처음 접했을 때 "내가 태어난 고향, 나의 아버지"로부터 나가지 않으면 안 된다는 생각이 들었다.

내가 가진 어휘꾸러미와 익숙해 있는 논리에 의지하는 한 우치다 선생의 텍스트는 그 깊이를 알 수 없는 의미를 결코 열어 보여 주지 않을 것 같았다. 그렇게 나는 자기해체를 경험했고, 지금부터는 내가 선생을 만나며 새로운 배움의 여정을 걷게 된 이야기를 찬찬히 풀어놓으려 한다.

〔 5 〕

학술은 선물이다

처음 만난 우치다 선생의 책 『저잣거리의 미디어론』은 내용 면에서 정말 훌륭했고 곱씹을 말도 무척 많았다. 선생의 책은 무엇보다 '꼬투리 사냥꾼'에게 지쳐 있던 내게 큰 위로가 되었고 때때로 "박동섭 군, 잘하고 있습니다. 연구라는 것은 원래 그렇게 하는 겁니다"라는 용기를 북돋우는 메시지로 다가오기도 했다.

　우치다 선생을 만나기 전부터 나는 '번역' 일을 꾸준히 하고 있었다. 그러면서 몇 권의 '번역서'를 출간하기도 했지만, 굳이 '책'으로 출간되지 않더라도 꾸준히 번역을 한다. 번역을 하다 보면 나오는 전혀 다른 논리의 전개 방식과 감정의 움직임에 동조하면서 내가 다루는 언어와 사고를 갱신하게 되어 매우 즐겁기 때문이다.

　　나 자신의 틀을 그대로 유지하면서 알고 있는 것은 '이미 아는 것'이다. 내가 이미 아는 것의 리스트를 수평적으로 늘어놓는 것은 별로 흥미롭지 않다. 나는 '자신이 자신 이외의 누군가로 의사적擬似的으로 되어 보지 않으면 알 수 없는 것'에 흥미를 느낀다. 물론 내가 여기서 '자신 이외의 것'이라고 하는 것에는 중요한 조건이 있다. '동조할 수 있을 정도의 이질성 혹은 이타성'이다. 누군가의 말은 내 안에서 자연발생적으로는 절대로 나올 수 없는 것인데 그 사람의 그 말이 내게 닿음으로써 내 안의 무엇인가가 구제를 받고, 얼어붙었던 것이 소생하고, 멈춰 있던 것이 움직이기도 한다. 그런 말을 만나려고 나는 번역을 한다. 방금 내가 늘어놓은 몇 가지 말은 우치다 선생의 저작을 만나기 전에는 말로 표현할 수 없는, 느낌만이 존재하는 일종의 '성운 상태'였는데 선생의 저작을 만나서 나의 어휘꾸러미에 등록할 수 있었다.

　　그리고 책을 읽으며 가장 놀라웠고 동시에 큰 힘이 된 것은 선생의 문체였다. 하나의 논건을 설명하는 데 '학술 언어와 생활 언어'를 적절히 섞어 사용해서 새로운 지평을 열어 보여 주는 절묘한 화법, 두 가지 언어 사이를 종횡무진으로 왕복 운동하는 월경의 힘! 독자들이 스스로 무릎을 치게 만들고 그들을 매료시키는, 도무지 흉내 낼 수 없는 '다채로운 비유'의 사용! '학술이 이렇게 유쾌하고 즐거울 수 있구나' 하는, 그동안 한 번도 느껴보지 못한 신세계를 만난 듯한, 기분 좋은 충격의 연속이었다.

메타포는 누군가 정의한 기존 개념을 논리적으로 다시 정의하지 않고 전혀 다른 지평에서 다른 각도로 개념의 의미를 파악할 수 있는 기회를 제공한다. 예컨대 레비스트로스의 "커뮤니케이션의 본질은 내용이 아니라 커뮤니케이션하고 있다는 그 자체이다"는 언명을 우치다 선생은 '캐치볼'이라는 메타포로 다음과 같이 풀어낸다.

'캐치볼'은 볼을 받는 상대방을 향해서 이렇게 고합니다. "당신은 거기에 존재하고 있다. 나는 당신이 거기에 존재하고 있는 것으로부터 '즐거움'을 얻고 있다." 그래서 앞으로도 당신이 계속 존재하는 것을 바라고 있다는 승인과 축복. 레비스트로스가 말하고 싶었던 것은 바로 이것이지요.

추상적인 개념(여기서는 커뮤니케이션)을 알기 쉬

운 은유로 표현하는 것은 겉보기에는 닮지 않아도 자세히 들여다보면 닮은 점을 찾아서 둘 사이를 새로운 의미로 연결하는 방법이다. 이 메타포 사용에서 우치다 선생은 발군의 능력을 지녔다.

그뿐만이 아니다. '학술 언어'와 '생활 언어'를 절묘하게 연결해서 독자에게 지금 있는 곳보다 한층 전망이 좋은 곳으로 이동시켜 주는 수완을 여지없이 발휘한다. 예컨대 난해하기로 정평이 나 있는 미셸 푸코의 '계보학적 사고'의 중요성을 논하는 장면에서는 "그런 것 상식이잖아!!"라고 말하는 무반성적인 사람을 향해서 "'아 그래요. 상식, 상식 말씀하시는데 그게 언제, 어디서, 누구에서부터 상식이 되었던가요? 좀 가르쳐 주시겠습니까?' 하고 집요하게 묻는 푸코 아저씨"라고 표현한 부분이 있다. 뭔가 시야가 확 트이는 느낌이라고 해야 할까. 연신 무릎을 치지 않을 수 없다.

푸코가 『말과 사물』이라는 저서를 쓸 때 말하길, 자신의 책을 이해할 수 있는 사람은 프랑스 국내에서 2천 명 정도일 거라고 했다. 그런데 우치다 다쓰루 선생 식의 화법이라면 적어도 2만 명은 '푸코'를 읽고 이해할 수 있지 않을까.

또한 학술은 학교 교육과 같은 사회 공통자본처럼

'선물'이라고 정의하는 것은 처음 들어 보는 말이었지만 깊이 납득할 수밖에 없었다. 물론 학교 교육을 비롯한 사회·문화 공통자본을 증여와 피증여의 관점에서 논한 식자는 여럿 된다. 그러나 '선물'이라고 하는 감성적인 언어로 제도의 중요성을 논한 학자를 나는 그동안 본 적이 없다.

그리고 학술 언어와 생활 언어의 절묘한 만남이 이런 것이구나 싶어 지적 흥분을 감출 수가 없었다. "학술은 아직 만나지 않은 미래의 독자 혹은 미래의 후학들을 위한 '선물'이라는 이 멋진 생각을 왜 나는 그동안 하지 못했을까?"

책을 집필하고 논문을 쓰는 것이 '선물'이라고 하면 그런 일을 하는 것은 심사자에게 높은 평가를 받는 것이 목적이 아닐 것이다. 그러면 학술서와 학술 논문은 무엇 때문에 쓰는 것일까? 내 경험에 따르면 이 물음에 제대로 답할 수 있는 연구자는 한국에 몇 명 되지 않을 것이다. 왜냐하면 거의 대부분이라고 해도 과언이 아닐 정도의 사람들이 '자신의 연구 업적을 올리려고' 학술서와 학술 논문을 쓰기 때문이다. 석사 논문을 쓰는 사람은 석사 학위를 받으려고 쓰고, 박사 논문을 쓰는 사람은 박사 학위를 취득하려고 쓴다. 그리고 잡지에 논문을 투고하는 사람은 논문 게재를 통해서 이런저런 이익을 얻고자 한다. 즉 심사위원에게 심사를 받아 합격점을 취득하여 어떤 보상을 취할 목적으로 논문을 쓴다.

그런데 이런 생각은 틀렸다. 우치다 선생에 따르면 학술 행위는 일종의 '증여' 혹은 '선물'과 같다. 내 생각에도 우리가 선철로부터 받은 '선물'을 다음 세대에 전달하는 것이 학술의 본질이다. 우리는 무로부터의 창조물인 학술서와 학술 논문을 쓰는 것이지 그 조물주적인 위업에 대해 학위와 업적 평가를 대가로 받으려고 쓰는 것이 아니다. 생각해 보면 우리는 이미 '선물'을 받은 것이다. 따라서 그것을 자신의 신체와 지성을 활용해 정성스럽게 다음 세대로 전달할 의무가 있다.

물론 전달할 때 무엇인가를 정성스럽게 곁들이지 않으면 안 된다. 선철로부터 받은 그대로만 내밀 수는 없는 노릇이다. 그것은 무례한 행위이다. 산길을 걷다가 꺾어 온 들꽃을 그대로 다른 사람에게 턱 내밀기보다는 흙도 좀 털어 내고 작은 리본이라도 하나 달아 단정한 꽃다발로 갈무리해 주어야 받는 사람도 "아, 이 꽃다발은 저 사람의 정성이 담긴 선물이구나" 하는 생각이 드는 법이다. 거기에 "별일 없지? 잘 지내렴!" 하고 직접 쓴 메시지까지 함께 곁들이면 받는 기쁨이 훨씬 클 것이다.

학술의 고마움, 학술의 중요성을 연구자뿐만 아니라 일반인들에게도 잘 전하기 위한 우치다 선생의 '리본 달기' 전략은 학술 언어와 생활 언어를 잇는 하이브리드 언어 그리고 다채로운 비유를 적재적소에 절묘하게 사용하는 것에서 여지없이 드러난다.

내가 처음 만난 우치다 선생의 저작은 '리본'으로 장식해서 꽃다발로 내미는 것이 왜 중요한가를, 그리고 "별일 없지? 잘 지내렴!" 하는 인사가 왜 필요한가를 정말 잘 보여 주고 있었다. 당신이 그동안 선물로 받아 왔던 '학술'을 당신이 온몸으로 살아 낸 개인사와 잘 버무려 사람들에게 내어놓은 모습이 참으로 고맙고 아름답게 느껴졌다.

이런 나름의 '리본 달기'와 '인사'를 하는 사람이 잊지 않는 것이 또 하나 있다. 그것은 바로 '새로운 증여 사이클의 창시'이다. 즉 연구라는 것은 자신 뒤에 오는, 얼굴도 모르는 '아직 존재하지 않는 후학'을 위한 이정표를 만드는 일이라는 것이다.

나는 '새로운 증여 사이클의 창시'를 '새로운 유형의 학술 창시'라는 말로 바꾸어 표현하고 싶다. 우치다 선생은 '새로운 유형의 학술 창시'를 위해 학술이 연구자들만의 독점물이 아닌, 연구자끼리의 경쟁 도구가 아닌,

일반인에게도 '선물'이 될 수 있다는 것을 너무나도 선명하게 보여 주었다. 그런 태도의 배후에는 "세상이 어떻게 성립하고 인간이란 어떤 존재인지에 관한, 이 훌륭하고 멋진 생각을 나 혼자만 알고 있는 것은 너무 아깝지 않습니까?" 하는 목소리가 조용히 울려 퍼지고 있는 것 같다.

선생의 이런 '새로운 증여 사이클의 창시' 행위는 험준한 산을 홀로 오르면서 그 길을 나중에 오를 나 같은 후학을 위해 길을 개척해 놓는 것과 같은 일이다. 그 누구도 오른 적 없는 산에 처음 올라 정상을 밟은 사람이 한숨 돌리고 난 후에 등반 지도를 만든다. 그것뿐만 아니다. 길이 갈라지는 곳에 표식을 세우고, 오르내리기 편하도록 계단도 만들고, 산 중턱에는 비바람과 추위를 피할 수 있는 대피소를 마련해 놓는 것도 잊지 않는다.

전대미문의 학술 스타일을 우치다 선생이 창시해 준 덕분에 나중에 그 산을 오르는 나 같은 사람은 선생 같은 수준의 체력이나 정신력이 없어도 길을 헤매지 않고 어떻게든 정상 가까운 곳까지 오를 수 있다. 그리고 선생이 만들어 둔 계단 옆으로 좀 더 편하도록 의지할 줄도 이어 보고, 대피소에 비상식량을 한두 가지 채울 수도 있다. 그런 면에서 본다면 학술은 '개인적인 일'이 아니라 '집합적인 행위'라고 하신 선생의 말씀을 깊게 납득할 수 있을 것 같다.

학술의 본질이 누군가로부터 '선물'을 받고, 증여자에게 "고맙습니다"라는 말을 잊지 않고, 그 받은 선물을 누군가에게 전하는 것임을 절감하는 사람이라면 누구나 자기 생각 중 99퍼센트가 선철로부터의 가르침이라는 것을 공공연히 말한다.

실제로 우치다 선생은 본인 작품의 99퍼센트는 누군가에게 물려받은 것이라고 당당하게 말한다. 그리고 나머지 1퍼센트만이 자신이 정성스럽게 만든 '리본'이고 "별일 없지? 잘 지내렴!" 하는 인사라고 말한다. 하지만 불과 1퍼센트라도 절대 없어서는 안 되는 부분이라는 것이 분명한 사실이다.

그것은 학술서가 누군가에게 '선물'이 되기 위해서 불가결한 것이다. 산길에 피어 있는 들꽃을 꺾어 와서 누군가에게 줄 선물로 '꽃다발'을 만드는 장면을 상상해 보기 바란다. 꽃다발을 받을 그 소중한 사람을 떠올리며 이런저런 궁리를 할 테다. 보기 좋도록, 흩어지지 않도록, 가져가기 편하도록, 꽃병에 넣기 쉽도록.

그것이 '리본'과 "별일 없지? 잘 지내렴!" 하고 전하는 메시지의 역할이고 그것이 바로 '학술성性'이라는 것이다. 그것은 '선철의 지견'과 '나의 오리지널 의견'을 명확히 나누는 것이기도 하다. 당연한 말이지만 리본이 없으면 꽃다발은 만들 수 없다. 어디까지가 꽃이고 어디까지가 리본인지 모를 것 같은 카오스는 꽃다발이 되지 않는다. 그런데 무엇보다 중요한 것은 그 꽃다발은 자기 방에만 장식해 둘 것이 아니라 곧 '또 다른 사람에게 선물로 주어야' 한다는 것이다.

　　나도 선생의 학통을 이어받아 학술의 본질인 새로운 증여 사이클을 구축하고 있다. 학술 연구는 개인이 혼자 하는 일이 아니라 집단이 함께 하는 일이라는 스승의 가르침을 이어받아 '다른 사람이 하지 않는 연구'를 계속하고 있다. 그리고 내가 현재 꾸리고 있는 『배움여행』이라는 월간지를 만드는 일이나 대학이나 대학원이 아닌 곳에서 사람들을 가르치는 행위는 지금까지 없었던 새로운 유형의 '학술 행위'이기도 하다. 내 재주가 변변찮다 보니 뚜렷한 업적을 남기지 못하고 인생이 끝날지도 모를 일이다. 하지만 그런 우려도 다음과 같은 사태를 상상해 보면 별문제가 없어 보이기도 한다.

　　"예전에 '학술은 선물이다'라는 신념을 가지고 많은 사람에게 학술의 즐거움과 귀중함을 전파하려는 사람이 있었어. 생활 언어와 학술 언어를 월경하는 '이중

언어화자' 등산 루트를 개척한 '박동섭'이라는 사람이지. 그런데 혼자서 그 일을 하다 보니 체력도 많이 달리고 급기야 그 길이 완성되는 것도 보지 못하고 도중에 조난당해 죽었다고 하더군. 참으로 안타까운 일이지. 어쨌건 그 사람이 오른 곳까지는 길도 나 있고 계단도 만들어져 있고 난간도 설치되어 있으니 한번 올라가 보고 싶은 생각이 들어. 우리가 함께 올라 볼까?"

III

선생을 처음 만난 날 깨달은 것들

{ 6 }

여론이라는 저주

2011년 11월 27일, 나는 히로시마 야스다여자대학에서 열린 제8회 일본 질적심리학회에 참석했다. 그곳에서 처음으로 우치다 선생을 직접 뵈었다. 선생은 대회 기념 강연의 강사로 학회에 초대받았고 그날 강연의 제목은 「현대 일본의 영성과 진혼: 계속 이어져 내려온 치유의 마음」이었다.

일본에서는 2011년 3월에 동일본대지진이 발생했다. 그 지진으로 15,894명이 사망하고 2,562명이 실종되었다. 일본 근대 지진 관측 역사상 최대 규모의 지진이었고, 당시 후쿠시마 현을 중심으로 가동 중이던 원자력 발전소는 회복 불가능한 피해를 당했다. 우치다 선생은 이 재난을 계기로 일본인이 평소 무의식적으로 내뱉던 '저주의 말'이 제어할 수 없을 정도로 증폭했다는 말로 강연을 시작했다. 저주의 말이라니 누군가를 미워하고 원망하는 말이리라 생각했지만, 그리 단순한 개념이 아니었다. 당초 예상한 것과 전혀 다른 이야기에 놀랄 수밖에 없었고, 어쩌면 나 역시 평소 별생각 없이 저주의 말을 내뱉고 있었을지 모른다는 사실을 자각했다. 선생이 설파한 '저주의 말'이란 이런 것이다.

지금 우리 사회에서 '저주'는 비평적인 화법을 발할 때의 공용어가 되고 있습니다. '약자'들은 '구제'를 바라서 '저주의 말'을 내뱉고, '피해자'들은 보상을 바라서 '저주의 말'을 내뱉고 '정의로운 사람'들은 공정한 사회를 바라서 '저주의 말'을 내뱉고 있습니다. 그런데 그들은 그러한 말이 타자뿐 아니라 자기 자신을 향한 '저주'로도 기능하고 있다는 것에 너무나도 자각이 없는 것 같습니다. 현재 언론이 내뱉는 말의 많은 부분이 이 '저주의 말'로 채워져 있습니다. 저주는 사람들을 과도하게 기호적으로 처리하고, 그렇게 각각의 개별성을 무시당한 사람들은 '○○집단'으로 처리됩니다.

선생이 언급한 '저주의 말'은 굉장히 복잡한 현실을 복잡함을 유지한 채로 다루려는, 매우 강인한 지적 폐활량을 필요로 하는 언명이었다. 지금도 그렇지만, 당시 선생만큼의 지적 폐활량이 없는 나로서는 굉장한 내용인 것 같다는 생각은 들면서도 고속으로 질주하는 선생의 말과 사고를 따라가기는 쉽지 않았다. 그럼에도 그전까지 한 번도 들어 본 적이 없는 화법과 논리였기에 (언젠가 저런 내용을 이해할 수 있는 사람이 되어야겠다는 마음을 품고) 두근거리는 가슴을 애써 억누르며 마지막까지 집중해 선생의 말을 경청했다. 선생이 말하는 '저주의 말'이란 굉장히 생경한 개념이었기에 이해하기 쉽지는 않았지만, "언론이 내뱉는 말의 많은 부분이 이 '저주의 말'로 채워져 있다"는 부분에서는 확실한 이미지가 하나 떠올랐다. '여론'이었다.

여론은 누구도 그 말의 책임을 떠맡지 않는 말이다. 누구라도 말할 것 같은 것, 즉 내가 잠자코 있어도 어차피 누군가가 말할 테니까 대충 말해도 상관없는 것이고 동시에 내가 잠자코 있어도 어차피 누군가가 말할 테니 잠자코 있어도 상관없는 말이기도 하다. 그렇기에 여론은 우리가 완전히 상반되는 두 가지 행위를 하도록 만들기도 한다. 이것이 여론의 역설적인 구조다.

'누군가가 말할 테니까 내가 굳이 신경을 쓰지 않고 대충 말해도 상관없는 것'을 말할 때 사람들은 어떤 화법을 선택할까? 그다지 어렵지 않게 상상할 수 있다. 무책임하고 조잡해진다. 내가 말하는 것을 다른 모든 사람도 생각하고 있다면 내가 좀 허술하게 말해도 누군가가 언젠가는 나를 대신해 좀 더 정교한 수사를 사용해서 논리적으로 말해 줄 것이고 필요하다면 책임도 져 줄 것이기 때문이다. '모든 사람' 중에는 예의 바른 화법을 구사할 수 있는 사람과 전문 지식이 풍부한 사람과 엄밀한 추론 능력을 가진 사람도 있을 것이다. 그렇다면 전문 지식에 근거해 엄밀하게 추론한 내용을 격이 있는 화법으로 말하는 일은 그 사람들에게 맡기면 되니 나는 내가 하고 싶은 말을 그냥 내키는 대로, 기분에 따라 뱉으면 그만이라는 식이다. 이것이 여론을 말하는 사람이 택하는 첫 번째 전략이다.

　　두 번째 전략은 '그래서 잠자코 있어도 된다'는 전제에서 비롯된다. 내가 하고자 하는 말이 '모두가 말하고 싶은 것'이라면 내가 잠자코 있어도 누군가 나를 대신해 비판과 논쟁을 각오하거나 경우에 따라서는 투옥까지 각오하고 계속 말해 줄 거라는 것이다. 즉 여론이라는 것은 내가 말을 하든 잠자코 있든 내게는 어떤 책임도 부과하지 않는 언설이다.

　우치다 선생은 '누구라도 그렇게 말할 것 같은 말'이 어떤 메커니즘으로 작동하는지를 소설가 무라카미 하루키의 일화를 들어 설명했다. 하루키가 재즈바를 운영하던 시절, 그곳에는 작가와 편집자 들이 자주 놀러 왔다고 한다. 그들은 종종 그 자리에 없는 사람의 험담을 하곤 했다. 가령 A와 B가 놀러 와서 "C는 재능이 없어"하면 "맞아요. 더는 힘들지 않을까요?"라고 맞장구치는 식이었다. 그러다 갑자기 C가 등장하면 "C 작가, 자네 최근 작품 정말 훌륭해"와 같은 칭찬 일색의 대화로 자연스럽게 전개되었다. 험담의 대상은 그때그때 바뀌었다. B가 가게를 떠나면 남은 A와 C가, A가 가게를 떠나면 남은 B와 C가, 자리에 없는 사람을 험담하는 데 저마다 열을 올렸다. 이를 단순히 '인간은 겉과 속이 다른 존재'라는 교훈을 주는 일화라고 볼 수도 있겠지만, 선생은 이런 대화야말로 여론의 원형이라 말씀하셨다.

　누군가를 배척하는 이런 대화는 '여기 있는 모두가 그렇게 생각하고 있다'는 암묵적인 전제가 없으면 불가능하다. 그런 전제가 있어야 타인을 비난하는 껄끄러운 행위가 '단지 모두와 같은 의견을 반복하는 것'에 지나지 않게 된다. 의견이 다른 사람이 한 사람이라도 나타나면 '모두의 의견'은 자취를 감춘다. 가령 비난의 대상인, 재능 없는 C 작가 앞에서 그런 말을 했다가는 상대와 다툼이 벌어질 수도 있고, 이후 그 사람과 관련된 일을 원활하게 하기 힘들어질 수도 있기 때문이다. 그에게 재능이 없는 것은 '사실'이지만 자신의 실존을 걸면서까지 주장해야 하는 '진실'은 아니다. 이것이 '여론'의 정의라고, 선생은 말씀하셨다. 참으로 납득이 가고 뿌옇던 안개가 걷히는 느낌이었다.

'여론'을 '누구라도 할 것 같은 말'이라고 정의해 버리면 그런 말을 하는 개개인은 '없어져도 얼마든지 대체 가능한 사람'이 된다. 사람들은 대부분 다른 사람들도 모두 자신과 같은 말을 한다는 것을 근거로 제 말의 옳음을 주장한다. 온라인 게시판이나 댓글 창에 익명으로 공격적인 내용을 올리는 사람 대부분이 그런 전제 아래서 있다. 그런 사람들이 익명을 용인하는 근거는 발화된 말이 고유한 명찰이 필요 없을 정도로 공공성 높은 의견이라는 것 때문이다. 그런 의미에서 익명은 그들에게 가장 강력한 서명이기도 하다.

누구라도 할 것 같은 말을 하는 것은 '세상의 이야기'를 하는 것이기에 익명이라도 상관없다. 아니 오히려 '익명이기를 요구한다'라고 말하는 편이 정확할 것이다.

누가 그 말을 했는지 식별이 되면 그것이 여론이 될 수 없기 때문이다. "이런 식으로 말할 녀석은 그 친구밖에 없어"와 같은 말이 성립하면 우리는 '이런 식의 말'을 여론이라고 하지 않는다. 그것은 '사견'일 뿐이다. 여론은 누구라도 입에 담을 것 같은 말이고 따라서 발언자를 특정할 수 없는 말이다. 그 사람이 없어져도, 그 사람이 입을 닫아도 누군가가 대신해서 계속 할 말이다.

이런 사실을 자각하고 나면 나 같은 연구자에게 남는 선택지는 하나밖에 없다. '여론'의 냄새가 나는 말은 가능한 한 하지 않는 것. 잘 생각해 보기 바란다. 나와 의견이 같은 사람이 많이 있다는 것은 어떤 의미에서는 자신을 '○○ 집단'의 하나로 묶어 버리는 '저주'로서 기능한다. 그것은 '내가 없어져도, 내가 입을 닫고 잠자코 있어도 누구도 곤란하지 않다. 나는 얼마든지 대체 가능한 인간이다'라고 선언하는 것과 같다.

나와 같은 의견을 가진 사람이 많다, 모두 그렇게 생각하고 있다, 라고 하는 것은 매우 위험한 말이다. 물론 나 같은 연구자에게는 다수파를 형성하는 것도 중요해서 늘 의견에 동조해 줄 사람을 찾으며 강의와 집필을 병행한다. 그런데 정말 다수파로 형성되었다 하더라도 그런 말을 무심코 입에 담아서는 안 된다. 입에 담는 순간 그것은 얼마든지 대체 가능해진다는 저주로 바뀌어 자신에게 돌아올 것이다.

　역으로 '다수와는 전혀 다른 생각'을 전제로 출발하는 화자 혹은 필자는 신중해질 수밖에 없다. 그런 생각을 하는 사람이 세상에 자기 혼자일지도 모르기 때문이다. '나 이외에 똑같은 것을 말해 줄 사람이 어디도 없다, 지금 내 눈앞에 있는 사람들이 여기서 이 이야기를 마지막까지 들어 주지 않으면 이 생각은 끝이다.' 그날 우치다 선생의 말씀에는 그런 절박함이 느껴졌다. 그것은 청중을 살리는 귀한 말인 동시에 화자를 살리는 축복의 말이기도 했다.

　마치 정말로 드문 소수파인 것처럼(정말로 소수파이긴 하지만), 나 자신 이외에 내가 생각하는 것을 대변해 줄 사람은 어디에도 없는 것처럼 말하는 태도를 나는 이날 우치다 선생께 배웠다. 누구도 대신해 줄 수 없는 자기만의 말을 전하기 위해 화자는 어떤 전략을 취해야 할까? 당연한 말이지만 필사적이어야 한다. 필사적일 수밖에 없다. 같은 내용이라도 표현을 달리해서 반복해서 말하고, 어려운 이론이나 개념을 설명하기 위해 적절한 비유를 찾는 데 고심하고, 울림이 큰 말을 선택하고, 독자나 청자의 소매를 붙잡고 놓지 않으려 노력한다. 듣는 이에게 매달려서 "이거 정말 중요한 이야기거든요. 그러니 제발 제 말을 들어 주세요" 하고 간청할 수밖에 없는 노릇이다.

이런 축복의 말, 즉 화자 자신의 말이 청자에게 가닿게 하려면, 나아가 자신에게도 축복의 말이 되게 하려면 '간청'이라는 행위가 필요하다는 것 역시 이날 선생께 얻은 배움이다. 이 이야기는 다음 장에서 살펴보자.

〔 7 〕

가독성의 본질

일본 유학 시절, 우연히 읽은 잡지에 과학자가 쓴 명저를 소개하는 코너가 있었다. 거기서 레오폴트 인펠트라는 물리학자가 쓴 『신이 사랑하는 사람: 에바리스트 갈루아 이야기』Whom the Gods Love: The Story of Évariste Galois라는 책을 접했다. 20세에 요절한 천재 수학자 에바리스트 갈루아의 생애를 다룬 책이었다. 나는 그때 이미 미적분 같은 건 기억에서 날려 버린 전형적인 문과생이었는데 그럼에도 갈루아가 '군론'群論, theory of groups의 아이디어를 얻은 대목을 읽으며 (내용을 잘 이해할 수 없었음에도 불구하고) 맥박수가 올라갔던 게 기억난다. 왜냐하면 그 순간 인펠트의 문체가 '가독성 높은 글'이

어떠한 글인지를 제대로 보여 주는 모범이라는 생각이 들어서였다. 인펠트는 사람들이 갈루아의 천재성을 알아봐 주기를 강력히 바라고 있었다. 가능한 한 많은 독자에게 이 칭송받지 못한 영웅을 기억해 달라고 간청하고 있었다. '말이 누군가에게 가닿는 것이란 무엇일까?'라는 생각을 하며 우치다 선생의 강연을 듣다가 문득 이 경험을 떠올렸다.

누군가에게 가닿는 말이란 무엇일까? 독자에게 가닿는 글, 읽히는 글이란 어떤 걸까? 단순히 '알기 쉽게 쓴 것'은 아닐 것이다. 논리적인 것도 화려한 수사를 사용한 것도 음률이 아름다운 것도 물론 아니다. 이것들은 '가독성'의 부차적 요소에 지나지 않는다. 가장 중요한 것은 '나는 당신에게 말하고 싶은 것이 있다'는 강렬한 생각이다. 이날 우치다 선생의 강연은 그렇게 내게 절박하게 다가왔다. 난해한 수학 이야기로 가득한 인펠트의 책이 가독성 있게 읽혔던 것도 어쩌면 인펠트가 나처럼 수학을 전혀 모르는 독자에게도 이야기를 전하려고 정성을 다했기 때문이 아닐까.

이런 생각을 하며 글을 쓰다 보니 또 하나의 기억이 소환된다. 2019년 1월에 교토에서 열린 모리타 마사오 선생의 '한국인을 위한 수학연주회'에서 '리만 면'Riemann surface을 창시한 리만이라는 천재 수학자에 관한 내용을 통역했던 때의 일이다. 문과 출신인 나는 리만에 대한 예비지식이 전혀 없었고 특히 리만의 이론은 고등학교 과정에는 아예 없고 대학에서 수학을 전공하는 과정에서나 배우는 것이어서 내가 통역을 하면서도 도무지 무슨 말인지 이해하기가 어려웠다. 그럼에도 모리타 선생이 듣는 이들의 지성을 믿고 정성을 다해 메시지를 전하고 있다는 것만큼은 절절히 느낄 수 있었다. 나는 그날 통역을 마치고 결심했다. 리만의 수학처럼 이해할 수 없는 이야기도 그 메시지가 절절히 느껴지도록 하는 모리타 선생처럼 나도 앞으로 지극히 최선을 다해 메시지가 가닿을 수 있도록 단련하자고.

나는 이 '절박하게 느껴지는 언어'야말로 가독성 있는 말과 글을 구사하는 화자 혹은 필자의 특징이라고 생각한다. 우치다 선생의 말을 듣고 있으면 선생의 화법이란 마치 듣는 이의 목덜미를 잡아채서 감싸 안는 듯하다는 느낌이 든다. 그런 느낌 앞에서는 논리성도, 수사도, 정치적 올바름도 부차적인 것에 지나지 않는다. 우치다 선생의 화법은 듣는 이를 향해 '듣기를 간청'하듯 전해지는 것 같다. 듣는 이는 그 말을 받아들여야 할 당사자로서 말하는 이에게 지목된다. 듣는 이가 받아들이지 않으면 말하는 이가 공중에 붕 떠서 그대로 자빠지고 말 것만 같은, 그런 절박함이 선생의 말에서 느껴진다. 나는 이것이 가독성의 본질이라고 생각한다. 수신자가 발신자에 의해 지명될 것. 당신이 들어 주지 않으면 나의 이야기는 시작되지 못한다는 그런 발신자의 절박함이 전해질 때 메시지는 틀림없이 수신자를 만난다.

'어떤 일이 있어도 내 말을 독자 혹은 청자에게 가닿게 하겠다'는 마음을 먹었을 때 우리가 어떤 식으로 말을 하는지를 생각해 보기 바란다. 목소리 크기부터 키우는 사람이 있을지도 모르겠다. 내 말을 듣지 않으면 큰일이 날 거라며 협박하는 사람도 있을 것이다. 일부러 목소리를 낮춰 말하며 호기심을 자극하는 사람도 있을 테다. 아니면 '당신 같은 사람이 내 마음을 알 리가 있을까' 하는 식으로 부러 등을 돌리는 게 효과적이라고 믿는 사람도 있다. 나는 전부 틀렸다고 생각한다.

읽는 이, 듣는 이의 입장이 되어 생각해 보면 쉽게 알 수 있다. 스쳐 지나가는 말이라도 우리가 절대 놓치지 않으려는 말은 '이건 나를 수신인으로 하는 개인적인 메시지다'라는 것을 확신하는 때다. 만원 지하철에서, 시끄러운 회식 자리에서 수십 명이 북적거리고 음악이 흐르며 술잔 부딪히는 소리에 더해 사람들의 웃음소리가 끊이지 않을 때도 누군가가 자신의 이름을 부른다고 인지하는 순간 그걸 놓치(려)는 사람은 없다. 인간은 언제라도 '자신을 언급하는 것'에 대한 센서만큼은 켜놓고 있다. 자신이 관련된 화제에 귀를 쫑긋 세우는 것이다.

이것은 우리가 사회적 동물인 이상 당연한 일이다. 자신이 속한 사회에서 자신이 어떤 위치에 있는지 자신을 정위定位하는 것. 그것은 누구에게든 우선순위가 높은 일이다. 그것을 모르면 우리는 무엇을 해야 하는지, 어떤 말을 해야 하는지 알 수 없다. 자신에 관한 험담을 놓치지 않으려 애쓰는 것도 이런 이유에서다. 자신을 험담하는 사람을 늘 찾고 있기 때문이라는 말이 아니다. 누구든 자신을 향한 경의敬意의 낌새를 늘 찾으려 하므로 그 반대에도 격하게 반응하고 만다.

우치다 선생을 만나 선생의 말씀을 듣고 경의의 말이 험담보다 훨씬 멀리까지 가닿는다는 사실도 알게 되었다. 우리는 자신에 대한 깊은 경의가 포함된 메시지에 놀랄 만큼 민감하게 반응한다. 메시지의 내용을 설령 이해하지 못하더라도 메시지 속에 담긴 자신을 향한 경의는 결코 놓치지 않는다. 경험에 비추어 보면 우리는 자신을 향한 애정은 가끔 놓치더라도 자신을 향한 경의만은 놓치지 않는다. 따라서 수신자에 대한 경의가 포함된 메시지가 가장 멀리까지 가닿는다.

나는 이날 선생께 가독성이란 무엇이며 그것을 어떻게 기동시키는지를 배웠다. 가독성을 구성하는 요건에는 표현하는 사람이 수신자를 경의하는 것이 포함된다. '당신의 지성이라면 내가 말하고자 하는 것을 정확하게 이해할 수 있을 거예요'라는 수신자의 지성을 신뢰하는 바탕 위에 구축된 말은 절대 길을 잃지 않고 독자와 청자에게 가닿는다. 나는 선생의 말씀에서도 이 원리를 직접 느꼈다.

이는 이상적인 이야기가 아니다. 우리는 모두 모국어 습득 경험이 있다. 모국어 학습은 말을 가르치는 발신자(양육자)가 수신자(아이)를 신뢰하지 않으면 불가능한 일이다. 아이는 모국어를 한마디도 이해하지 못하는 젖먹이 상태에서 언어 습득을 시작한다. 언어라는 개념조차 없는 상태에서 언어 습득을 시작할 수 있는 것은 아무리 젖먹이 어린아이라도 양육자에게서 시작된 어떤 (신뢰를 바탕으로 한) 공기의 파동이 자신에게로 온전히 향하고 있다는 것만큼은 감지할 수 있기 때문이다. 이 역동적인 언어 습득의 과정을 발동시키는 최초의 '일격'은 수신자의 절대적인 확신이다. 이때 이 절대적인 확신 또한 수신자가 발신자에게 보내는 경의와 신뢰를 통해 구축된다.

이처럼 가독성의 본질은 '당신이라면 내가 말하고자 하는 것을 정확히 이해할 것'이니 바로 당신에게 전한다는 신뢰가 바탕이 된 절박한 메시지가 '귀를 쫑긋 세우고' 가장 잘 읽힐 수 있다는 것을 가리킨다.

IV

선생의 삶에서 발견한 배움

{ 8 }

밥 짓는 사람

우치다 선생 사상의 원점을 알뜰히 찾아내서 정성스럽게 하나씩 기술하는 일은 선생의 사상에 지대한 영향을 받은 나 같은 사람에게 굉장히 중요한 일이다. 물론 나 같은 천학비재淺學菲才가 더없이 깊고 넓은 선생의 사상을 모두 기술하는 것은 애당초 불가능할 것이다. 그럼에도 선생 사상의 원점 중 몇 가지 정도는 10년 넘게 읽어온 선생의 저작과 때마다 찾아 읽은 선생의 블로그와 트위터, 이런저런 매체에 기고한 철학 에세이, 선생의 저작물 번역 작업, 선생의 말씀을 통역한 경험, 선생과 직접 나눈 대화 등을 통해 얻은 지식에 기초해 기술해 볼 수 있을 듯하다. 그리고 이를 나름대로 정성스럽게 정리해 기술하는 일이야말로 제자 된 도리일 것이다.

선생 사상의 원점을 알베르 카뮈, 에마뉘엘 레비나스, 클로드 레비스트로스, 칼 마르크스 등과 같은 위대한 사상가들의 사상과 대비해 기술하는 것도 좋은 방법일 것이다. 다만 그 작업을 제대로 하려면 그것만으로도 책을 몇 권은 써야 할 것이니 다음 기회로 미루고 여기서는 선생의 학통을 이어받아 선생이 즐겨 사용하시는 '다채로운 비유'를 통해 그 사상의 원점을 짚어 보고자한다.

선생 사상의 원점 중 가장 먼저 소개하고 싶은 것은 선생이 '밥 짓는 사람'이라는 것이다. 좀 더 정확히 말하자면 선생은 수중에 있는 재료만으로 밥을 짓는 사람이다. 선생은 『저잣거리의 교육론』(국내에는 2012년에 『교사를 춤추게 하라』라는 제목으로 출간되었다)에서 교육 개혁과 관련해 다음과 같은 신선한 의견을 제시하셨다.

물론 저는 현행 교육 제도가 다양한 결함을 갖고 있고, 우리 앞에 능력이 떨어지는 교사, 의욕이 없는 교사, 도덕적 감수성이 낮은 교사가 있다는 사실을 인정합니다. 하지만 우리는 기존에 확보하고 있는 인적 자원, 질

낮은 교사들을 포함해, 이들과 함께 어떻게든 방법을 찾을 수밖에 없는 상황입니다.

현재 우리에게 있는 자원으로 꾸려 가는 최선의 방법은 일단 눈앞에서 벌어지고 있는 교육 붕괴를 최전선에서 막고 있는, '의욕 있고 능력 있고 도덕적 감수성도 높은' 교사들의 활동을 지원하고 그들의 잠재력을 최대한으로 끌어올려 제도상의 하자가 초래하는 부정적인 측면을 만회하는 것입니다.

여기서 나는 무엇보다 "현재 우리에게 있는 자원으로 꾸려 가는 최선의 방법"이라는 구절에 주목했다. 이는 외부의 도움에 의존하기보다 수중에 있는 것으로 어떻게든 견디고 살아남으려는 삶의 방식을 의미한다. 가령 치열한 전투가 벌어지고 있는 전쟁터에서 총기와 같은 물자가 부족하다고 해서 총포점에 가서 사 온다거나 배달시켜서 조달할 수는 없는 노릇이다. 병사들의 전투력이 떨어지고 장비가 빈약해져도 "이런 상황에서 이런 무기로는 도무지 싸울 수 없으니 모두 교체해 달라"며 불만을 토로하는 것도 말이 안 된다. 수중의 자원으로 어떻게든 위기 상황을 넘겨야 한다. '전쟁이란 모름지기 이렇게 해야 한다'와 같은 이상론을 설파하거나 '본래

군인의 자세'와 현실 사이에 괴리가 있다고 읍소할 수도 없다. 수중의 자원을 변통해서 어떻게든 살아남는 방법을 찾아야 한다. 다른 말로 '수중에 있는 자원의 잠재 가능성을 최대화해야 한다'고 할 수도 있겠다.

우리가 일상에서 늘 (해야) 하는, 가진 자원의 잠재 가능성을 최대화하는 행위는 다름 아닌 밥 짓기일 것이다. 밥 짓기는 이미 가지고 있는 재료를 사용해서 최대한의 쾌락을 이끌어 내는 행위다. 우치다 선생의 말씀대로 밥 짓기는 인류가 시작된 이래 계속되어 온 기아와 곤궁을 벗어나는 행위이며, 이 행위의 기본은 있는 것은 남기지 않고 사용하기, 다시 말해 먹을 수 있는 것은 무엇이든 먹기이다.

우치다 선생은 당신의 트위터를 통해 매일같이 그날 만들 요리를 소개한다. 더불어 그 요리에 필요한 재료에 대해서도 말씀하신다. 밥 짓기를 오래 해 온 사람이 주로 구입하는 식자재는 대체로 그날 만들 요리에만 쓰이는 재료가 아니다. 어떤 요리에도 사용할 수 있는 범용성 높은 식자재를 가장 자주 구입하며, 그렇게 구입한 재료는 일단 냉장고로 모두 들어간다. 그것들은 이후 냉장고 문을 여는 밥 짓는 사람에게 '있는 자원'으로 제공되어 활용된다.

우치다 다쓰루 선생 같은 '밥 짓는 사람'은 이런 한정된 조건을 받아들여 주어진 조건에서 최선을 다한다. 위의 교육 개혁 관련 논의에도 이런 밥 짓는 사람으로서의 정신이 유유히 흐르고 있다. "교육은 개인이 하는 일이 아니라 집단적 행위"라는 선생의 생각, "'교사'는 개인이 아니라 '교사단'이라는 복수로 생각해야 한다"는 평소의 말씀 역시 이런 사상에 근거한다. 구성원을 완전히 바꾸는 방식이 아니라 기존의 구성원과 이런저런 궁리를 해서 교육을 좀 더 나은 방향으로 이끌어야 한다는 생각, 그럴 때 각 개인이 가진 잠재 가능성을 최대한으로 끌어내야 한다는 생각은 기본적으로 '밥 짓는 사람'이 추구하는 방향과 같다.

〔 9 〕
리버럴 보수

과거 대통령 후보로 거론되던 한 정치인이 자신을 스스로 '진보적 보수'라 하여 여론의 집중 포화를 맞은 적이 있다. 그의 반반 행보에 대한민국의 이른바 진보와 보수 진영에서는 시큰둥한 반응을 보이거나 격렬하게 비판했다. 그런데 그도 그렇지만 대한민국의 보수·진보 진영에서 '리버럴'(진보)과 '보수'를 제대로 이해하는 사람이 있는지 의심스럽다. 우치다 선생이 자신을 '리버럴 보수'라고 부르는 이유에 귀를 기울이면 내 의심의 이유를 이해할 것이다. 선생은 아직 한국에서는 출간되지 않은 『청년이여, 마르크스를 읽자2』에서 '리버럴'과 '보수'에 대해 다음과 같이 말한 바 있다.

'이상 사회를 올바르게 직감하고 있는 사람'을 지정하는 것은 곤란하지만, '지금 있는 사회의 구조적 문제로 인해 불행해져 있는 사람'을 특정하기는 쉽습니다. 지금의 제도가 어떤 종류의 사람들을 불행하게 만든다는 사실은 증명할 수 있지만, 이상 사회에서 만인이 행복해진다는 것을 증명하는 것은 불가능합니다. 그렇다면 가능한 것부터 시작하는 것이 효율적입니다.

제가 '보수'인 것은, 사회 정의를 한꺼번에 실현했을 때 생길 수 있는 '리스크'가 두렵기 때문입니다. 지금까지의 역사가 가르쳐 주는 준엄한 교훈에 따르면 한꺼번에 사회 정의를 실현하려고 한 사회는 숙청과 강제수용소로 사람들을 내모는 것으로 결론을 내립니다.

동시에 제가 스스로 '리버럴'이라고 규정한 것은, 사회적 부정의를 고쳐 나가는 구체적인 방법에 대해 "이 길만이 유일해"라고 주장하지 않고, 여러 사람의 다양하고 창의적인 궁리나 제안을 열린 마음으로 귀 기울여 들을 준비를 하고 있기 때문입니다.

'리버럴한 보수'야말로 가장 상식적인 정치적 입장이고, 결과적으로 가장 빨리 이상적인 사회로 다가서는 길이라고 저는 확신합니다.

우치다 선생이 정의하는 '리버럴 보수'는 두 종류의 '원리주의'를 물리친다. 하나는 좌익의 '진보주의'와 '설계주의', 즉 인간의 이성에 의해서 이상 사회를 만드는 것이 가능하다고 생각하는 입장이고 또 하나는 과거의 어느 지점에서 이미 실현되었던 이상적인 사회로 귀환해야 한다는 '복고주의'이다.

　　리버럴 보수는 미래든 과거든 완전한 사회 같은 것은 실현될 수 없다고 생각한다는 입장이다. 나는 이에 동의한다. 우리는 이제껏 역사적 조건에 따라 다양한 형태의 '불완전한' 사회를 살아왔다. 그 불완전함을 나름대로 견뎌 내려고 인류는 오랫동안 노력했다. 그리고 이 역사적 경험은 우리에게 두 가지 중요한 사실을 가르쳐 준다.

　　한 가지는 인간은 제도 개혁에서 장기적으로는 '비교적 괜찮은' 방향을 향하고 있다는 것(여성 해방 및 지위 향상, 교육과 의료의 충실감, 종교적 자유 등)이고 또한 가지는 단기적으로는 돌이킬 수 없을 심각한 오류를 몇 번이나 범했다는 것이다.

　　여기서 얻을 수 있는 경험칙을 한마디로 요약하자면 '허둥대지 마라'는 것이다. 리버럴 보수의 실천 지침도 그렇다. 사회 개량을 할 때는 '고쳐야 할 것'과 '바꾸어서는 안 되는 것'을 정성스럽고 정밀하게 구분하는, 품과 샀이 드는 일을 피해서는 안 된다. 이것이 바로 리버럴 보수의 자세다.

그런데 개혁파 사람들은 이 '손이 많이 가는 일'을 싫어한다. 그들은 속도감과 결정력과 돌파력을 편애한다. 개혁의 옳고 그름은 이차적인 문제로, 빠르고 때로 폭력적이기까지 한 제도 파괴 그 자체에서 가치를 찾으려고 한다.

철학자 칼 포퍼는 바꾸어도 될 것과 바꾸어서는 안되는 것을 냉정하게 식별해서, 할 수 있는 것부터 하나씩 고쳐 나가는 절차를 '피스밀'piecemeal이라는 공학적인 말로 표현한 적이 있다. 아마도 포퍼가 이 말을 골랐을 때 그의 머릿속에는 한 장, 한 장씩 정성스럽게 벽돌을 쌓아 집을 짓는 노동의 이미지가 떠올랐을 것 같다.

제도 개혁은 모험도 아니고 축제도 아니다. 그것은 매일의 착실하고 꾸준한 노동으로 수행해야 하는 것이다. 포퍼는 그렇게 생각했다. 하루 일과를 마치고 귀가해서 몸을 씻고 가족과 식탁에 둘러앉아 저녁을 먹는 삶을 사는 사람이 그 노동력을 재생산하는 데 필요한 만큼의 여유로운 진도가 전제되지 않으면 제도 개혁은 이룰수 없다고. 순간적으로 폭발한 열광이 '한때'의 것으로 끝나는 이유는 유한한 육체를 가진 인간이 연속적인 축제와 맹렬한 멸사봉공滅私奉公에 오래 견딜 수 없기 때문이다.

'몸은 정말 지치는데 마음은 너무 편하다'고 자신의 피로감을 애써 부정할 것이 아니라 '그래서는 몸이 비명을 질러 견딜 수 없다'고 호소하는 것이 '정치 폭주'를 막는 아주 유효한 제도적 장치이다. 리버럴 보수는 생물로서의 인간의 호소를 배려할 뿐 아니라 '역사적으로 축적된 사회적 경험치'와 '습관과 사회 제도를 매개로 전해져 온 역사의 잠재적 지혜'에도 귀를 기울인다.

우치다 선생이 자신을 스스로 '리버럴 보수'라고 부르는 것은 이 두 가지 '잣대'를 나누어 사용하는 '지적 절도'를 의미한다고 나는 생각한다. 하나의 잣대는 유한한 자원(육체)을 사용해서 살 수밖에 없는 인간이라는 '척도'이고 또 하나의 잣대는 역사를 통해 드러나는 '집합적 영지英智'의 작동이다. 그 두 가지를 손에 들고 정책적 선택의 옳고 그름에 대해 음미하는 '장인'의 모습을 포퍼의 생각에서 떠올렸는데 내가 늘 보고 있는 우치다 선생의 모습도 그와 다름없다.

{ 10 }

청소하는 사람

우치다 선생의 책을 읽고 선생의 말씀을 들을 때마다 이분은 '청소하는 사람'이구나 하고 느낀다. 선생은 청소를 다음과 같은 멋진 비유로 정의한다. "우주를 침식해 들어오는 은하제국군에 대항해 승산 없는 저항전을 근근이, 국소적으로 전개하는 공화국군의 게릴라전과 같은 것." 이 싸움의 귀추는 처음부터 정해져 있다. 은하제국군의 승리다.

방은 반드시 더러워진다. 책은 책장을 벗어나기 마련이고 창에는 얼룩이 생기며 바닥은 쓰레기로 뒤덮인다. 노력에 따라 방의 질서가 회복되기도 하지만 일시적일 뿐이다. 무질서는 반드시 확대되고 그걸 방치하면 모든 것이 무질서의 심연으로 빨려 들어간다.

이런 맥락에서 가사家事는 시시포스의 고뇌와도 닮았다. 아무리 청소해도 쓰레기는 쌓이기 마련이다. 빨래는 해도 해도 끝이 없다. 혼자 사는 집이라도 어느 정도 질서를 유지하려면 반복적인 가사 노동이 반드시 필요하다. 조금이라도 게으름을 피우면 집은 곧 카오스의 심연으로 곤두박질친다. 시시포스가 산 위에서 굴러 떨어지는 바위를 다시 밀어 올리기를 영원히 되풀이해야 하듯 집 안에 쌓여 있는 먼지는 끊임없이 제거해야 하고 세면대와 창틀도 부단히 닦아야 한다. 인간적 세계가 카오스의 심연으로 빨려 들어가지 않도록 벼랑 끝에 서서 매일 몇 센티미터씩 착실히 바위를 밀어 올려야 하는 일, 그것이 바로 청소다. 청소는 특별히 성취감을 주지도 않고 금전이 주어지는 일도 아니며 사회적 경의의 대상이 되지도 않는다. 그럼에도 누군가 잠자코 이 '눈 치우는 일'과 같은 행위를 하지 않으면 인간적 질서는 곧바로 무너지고 만다.

여기서 말하는 '눈 치우는 일'은 하루키의 작품 세계에 등장하는 일종의 메타포이다. 겨울날 아침에 자고 일어나서 집 바깥으로 나가 보니 도로와 연결된 집 앞길에 소복이 눈이 쌓여 있다. 그걸 본 집주인은 문득 눈을 안

치우고 그대로 방치하면 길이 얼어 빙판길이 될 것이고 그러면 그 길을 지나는 사람이 미끄러져서 다칠 것 같다는 생각에 길에 쌓인 눈을 다 치운다. 그 덕분에 그의 집 앞에서는 누구도 미끄러지지 않았다. 집주인은 참으로 칭송받을 일을 했다. 그런데 그 고마워해야 할 일을 아무도 알지 못한다. 사실 집주인인 그조차 모른다. 아무 일도 일어나지 않기 때문이다. 칭송받지는 못하지만 누군가가 도맡지 않으면 혼란한 상태가 되거나 재액이 닥치는 일, 그것이 바로 '눈 치우기'와 같은 '청소'라는 일이다.

우치다 선생이 운영하는 합기도 도장인 개풍관 탐방 환영 강연에서 우치다 선생은 '청소하는 사람'으로서의 당신의 경험을 다음과 같이 들려주신 적이 있다. 말씀을 듣고 보니 청소하는 사람의 철학적 의미가 꽤 깊게 느껴졌다.

제가 한때 조교로 근무하던 한 대학의 연구실에서는 교수들이 아마도 10년 정도 연구실 청소를 단 한 번도 하지 않았던 것 같습니다. 물론 자기 책상 주변은 조금씩 정리했겠지요. 그런데 같이 쓰는 공간은 말 그대로 쓰레기로 가득했습니다. 그들은 청소는 자기 일이 아니라고 말했습니다. 그런 일을 하려고 월급을 받는 게 아니라고 말했죠. 맞는 말입니다.

조교가 된 저는 제일 먼저 연구실을 청소했습니다. 다 치우는 데 닷새는 걸린 것 같습니다. 엄청난 쓰레기가 쌓여 있어서 사용할 수 없는 연습실도 하나 있었는데, 그곳을 치우는 데는 사흘이나 걸렸습니다.

분명 그것은 그들의 말처럼 '내 일'이 아니었고, 누구도 내게 그 일을 하라고 요구하지 않았습니다. 하지만 더 러움이 이미 연구실의 일상 업무를 침식하기 시작했는 데도, 교수 중 누구 하나 "여기 청소 좀 할까?"라는 말을 꺼내지 않았습니다.

생각해 보면 당연한 일이지만, 이른바 진보 진영에 있는 '정치적으로 올바른' 사람들은 자기 일이 아닌 '청소 같은 쓸데없는 일'을 하고 싶어 하지 않습니다. 누구의 책임도 아닌 일을 쓱쓱 해내어 시스템의 부조不調가 전면에 드러나지 않으면 세상이 잘못 돌아가고 있다는 그들의 주장을 뒷받침할 수 없기 때문이지요. 그런 탓에 그들은 '누구의 책임에도 속하지 않는 일'을 "아 그거 내가 할게" 하며 척척 해결하는 오지랖 넓은 태도를 기껍게 여기지 않습니다.

저는 모든 유형의 '정치적으로 올바른 사람'으로부터

미움을 받는데, 그 이유 중 하나는 제가 '곧장 쓰레기를 줍는' 사람이었기 때문입니다. 저 같은 사람만 있다면 아무리 제도 설계를 허접하게 해 놓은 사회라도 꽤 살기 편한 곳이 될 것입니다. 따라서 '우리 사회는 근본적으로 개혁되어야 할 만큼 병들어 있다'는 사실을 입증해 보이고 싶은 근본적인 사회개혁론자들은 눈앞에 있는 '재액의 떡잎'을 싹둑 잘라 미리 문제를 해결함으로써 사회의 몰락을 막으려는 사람을 점차 미워하게 되죠.

한쪽에는 자기 이익만 추구하는 사람들이 있습니다. 이런 사람들은 당연한 말이지만 '청소'를 하지 않습니다. 또 다른 한쪽에는 근본적인 사회개혁을 바라는 사람이 있습니다. 이들 또한 연구 환경이 나빠지는 것을 증명해서 보여 줄 필요가 있으므로 청소를 하지 않습니다. 그런 가운데 저처럼 '청소하는 사람'은 고립되기 마련이지요.

그럼에도 '재액의 해결을 나중으로 미뤄서는 안 된다'는 것과 '재액의 떡잎은 먼저 알아차린 사람이 뽑아 버리지 않으면 안 된다'는 것이 우리 사회의 상식으로 다시 한번 등록될 때까지 저는 같은 일을 집요하게 되풀이할 수밖에 없는 노릇이죠.

전지전능한 신이 있다고 가정해 보자. 그는 권선징악 원리에 기초해서 인간들에게 지켜야 할 계율을 알려 주고, 최후에 그 계율을 준수했는지 위반했는지를 심판해서 천국행과 지옥행을 결정한다. 의외로 많은 사람이 신을 이런 일을 하는 존재라고 믿는 듯하다. 그런데 이런 종류의 신은 말하자면 '유아를 위한 신'이다. 왜냐하면 이런 신은 존재하더라도 인간을 어른으로 성장시키거나 윤리적인 행동으로 이끌지 못하기 때문이다.

　가령 경찰 기능이 완벽하게 갖추어져서 모든 범죄의 가해자는 100퍼센트 체포되고 법정 판결에도 오류가 전혀 없는 사회를 상상해 보자. 이런 사회는 확실히 범죄 발생 횟수가 적을 것이다. 하지만 사회가 그렇다고 해서 그 사회에 사는 사람들이 반드시 윤리적이지는 않다. 아니 그런 '완전한' 사회에서 사람들은 오히려 윤리적으로 행동할 필요를 느끼지 못할 것이다. 자신의 눈앞에서 범죄가 벌어진다 해도 그것을 적극적으로 저지하거나 목숨을 걸고 피해자를 도우려는 사명감은 생기지 않을 것이다. 자신이 나서지 않아도 곧바로 경찰이 나타나 범인을 잡아 줄 것을 알기 때문이다. 그러니 굳이 자신을 위험에 빠뜨릴 필요가 없다.

어렸을 때 『짱가』라는 만화영화를 즐겨 보았는데, 정말이지 매회 악당들이 등장해서 악행을 저질렀다. 그런데 시민과 경찰들은 비교적 태평하게 모호한 표정으로 범죄 행위를 멍청하게 바라보기만 하는 경우가 꽤 있었다. 조금만 기다리면 어디선가 짱가가 나타나서 악당을 물리치는 것이 처음부터 정해져 있다는 듯이.

이런 식으로 권선징악 원리가 완전히 실현되는 사회에서는 시민들이 눈앞에서 벌어지는 범죄를 간과하는 것에 그다지 양심의 가책을 느끼지 않을 수 있다. 이런 현상이 일어나는 것이 바로 권선징악의 역설이다. 전지전능한 신에 의한 권선징악 원리가 완전히 관철된 우주도 어떤 면에서 이와 비슷할 것이다. 선행을 하면 보답이 있고 악행을 저지르면 반드시 벌을 받는 세상. 이런 인과응보에 대한 확신이 높으면 높을수록 우리는 악인이 마음대로 설치고 날뛰며 의인이 수난을 받는 상황에도 자신을 움직이려는 생각은 갖지 않게 될 것이다.

신이 전능한 사회, 즉 구성원 전원이 '유아'인 채로 있어도 괜찮은 사회에서는 악이 들어설 여지가 없는 것과 똑같이 선이 싹틀 여지 또한 없어진다. 게다가 이 '유아'들은 전능한 신을 쉽게 믿어 버리는 것과 똑같이 '악당이 마음대로 날뛰면서 온갖 악행을 저지르고 선인이 수난을 받는 상황'이 길어지면 쉽게 신앙을 버리고 만다. 원래대로라면 악당이 날뛰는 순간 곧바로 경찰이나 신, 짱가가 등장해서 악당을 무찔러야 하는데 어떤 사정으로 선인이 생각보다 늦게 나타나면 사람들은 마치 손바닥 뒤집듯 선인을 비난한다. "뭐야, 정의의 사도라면서 도움이 안 되잖아. 당신 같은 것 이제 필요 없어!"

웃자고 한 이야기가 아니라 실로 그렇다. '만능의 정의의 사도'를 둘러싼 모든 설화에 공통으로 등장하는 장면은 '정의의 편'이 권선징악 시행을 조금이라도 지체하면 방금까지도 '정의의 사도'에 박수갈채를 보내던 사람들이 곧바로 태도를 바꾸어서 비난과 매도의 화살을 쏘아 댄다는 것이다.

따라서 조금이라도 숨쉬기 편한 세상을 만들려면 인간이 인간에게 저지른 죄의 대가를 묻는 것이나 치유는 신의 일이 아니라고 생각해야 한다. 신이 정말로 신이라는 이름에 어울리는 존재라면, 자신의 도움 없이도 스스로 정의롭고 자애로운 세계를 만들 수 있는 인간을 창조했을 거라고 생각하는 편이 낫다. 레비나스는 이를 "유일신에게 이르는 여정에는 신 없는 역참驛站이 있다"라고 말했다.

주어진 한계 상황에서 도구의 잠재 가능성을 늘 살

피며 한정된 도구만으로 이런저런 궁리를 해서 '밥 짓는 사람', 칭송받는 일은 결코 없을 테지만 누군가 다칠 것을 염려해 눈이 얼기 전에 '눈을 치우는 사람', 분명히 정상으로 바위를 밀어 올리고 한숨 돌리며 돌아서려는 데 그 바위가 또다시 굴러떨어진 것을 발견해도 낙담하지 않고 '바위를 밀어 올리는 사람', 내 책임도 남의 책임도 아닌 곳에서 일어난 일을 스스로 책임지고 척척 해내는 '청소하는 사람', 그 모두가 전부 우치다 다쓰루 사상의 '원점'인 동시에 그 사상의 실천적 방침을 가리키는 것이다.

{ 11 }

트릭스터형 지식인

2013년 6월 18일 부산대학 앞 카페 '헤세이티'에서 열린 우치다 선생의 강연에서 선생은 당신의 책이 한국에서 계속 번역되어 나오는 이유를 설명하기 위한 '가설'을 말씀하시는 것으로 이야기의 포문을 열었다.

한 외국인 작가의 책을 짧은 기간에 이만큼 집중적으로 번역해서 출간하는 일은 꽤 드문 현상이 아닌가 생각합니다. 지금까지 한국에 소개된 제 책은 크게 학교 교육에 관한 책과 유럽 철학에 관한 책 두 종류입니다. 이것은 학교 교육에 시장 원리를 도입하는 데 대해 비판적인 텍스트와 서양 철학을 알기 쉽게 해설하는 텍스트, 두 종류가 한국에서 어느 정도 수요가 있다는 것을 의미하겠지요.

수요가 있다고 해도 좋고, 반대로 공급이 없다고 해도 좋을 것입니다. 아마 여기에 한국과 일본의 담론 상황의 차이가 있지 않을까 생각합니다. 학교 교육에 시장 원리를 도입하는 데 비판적인 텍스트와 서양 철학을 알기 쉽게 해설한 텍스트는 어찌 보면 다루는 주제와 접근 방식이 꽤 다르지만 한 가지 공통점이 있습니다. 이런 책을 쓰는 사람이 주로 서양 철학 전문가인 대학 교수라는 사실입니다. '어떻게 시장으로부터 학교 교육을 지킬 것인가?'와 같은 물음에 대해 늘 고민하고, '어떻게 하면 가능한 한 많은 비전문가들에게 내가 연구하는 철학을 독해하고 사용하는 방법 그리고 그것을 터득하는 것이 얼마나 중요한지 전할 수 있을까?'를 궁리하는 대학 교수가 있다면 아마 제가 쓰는 것과 같은 종류의 책을 쓸 것입니다. 이런 대학 교수들이 어느 정도 있으면 공급은 있는 셈이니까 저와 같은 일본인이 쓴 책을 굳이 수고를 들여 한국어로 번역할 필요가 없겠지요.

이렇게 보면 아무래도 한국의 담론 상황에서는 '그런 사람'이 부족한 게 아닌가 싶습니다. 학교 교육을 어떻게 시장 원리로부터 지킬 것인가와 같은 주제는 한국에서는 주목을 끌지 못하는 주제인 것 같고, 저의 이런 진단이 아마 틀리지는 않은 것 같습니다. 이것은 한국의 전체적인 분위기가 '학교 교육은 시장 원리에 종속해야 한다'고 생각하는 사람이, 그 반대 입장을 가진 사람들보다 강한 영향력을 행사하고 있다는 뜻이겠지요. 물론 '학교 교육은 시장 원리에 종속해서는 안 되고 학교 교육은 차세대를 이끌어 갈 아이들의 성숙을 지원하는 것이 본질이다'고 생각하는 사람은 일본에도 결코 많지 않습니다. 저는 일본에서도 꽤 고립된 입장에 서 있습니다. 그래도 그 소수의 사람들이 제 책을 읽고 있습니다. 한국이나 일본이나 교육이 직면한 위기 구조는 똑같다는 사실에 조금 위로를 받기도 합니다. 똑같은 위기감을 느끼고 해결 방안을 찾는 사람의 수는 한 명이라도 많은 편이 좋으니까요.

또 하나의 저의 가설은 '철학을 어떻게 읽고 사용할 수 있는지를 비전문가들에게 전하는 일'을 맡아 줄 사람이 한국의 지식인 가운데 별로 없다는 것입니다. 저는 한국 대학의 사정을 거의 모르기 때문에 어디까지나 추측이지만 '전문가와 일반 독자 사이를 가교하는 사람', 즉 두 가지 전혀 다른 영역에 동시에 속하는, 트릭스터trickster 같은 역할을 하는 지식인이 한국 사회에서 별로 인정을 받지 못하는 게 아닌가 상상하고 있습니다. 역시 일본 사정도 그렇게 다르지 않고요.

트릭스터형 학자는 같은 직종 사람들에게도 학문적인 위신을 얻지 못하고, 전문가들로부터는 종종 노골적으로 업신여김을 당합니다. 하지만 이 일은 누군가 하지 않으면 안 된다는 것을 알아주는 편집자와 독자는 적지만 있습니다. 이런 환경이 있기에 저 같은 어중간한 학자도 살아갈 수 있습니다.

이 말씀을 듣고 나는 선생이야말로 '월경越境하는 지성'의 전범典範이 아닐까 생각했다. 헤르메스처럼 정해진 경계를 무시하면서 마음대로 오가는 존재를 트릭스터라고 부른다. 그리스신화에 따르면 헤르메스는 신의 세계와 인간의 세계 그리고 지하의 세계를 자유자재로 넘나든다. 전문가들만 알아들을 수 있는(때로는 전문가 집단 내부에서도 못 알아듣는) 난삽한 말로 그들만의 리그에서 철학과 사상을 논하는 것이 아니라 전문가이면서도 비전문가가 이해할 수 있는 쉬운 말과 다채로운 비유를 적절히 사용하면서 철학과 사상을 전하는 '희유의 스토리텔러'. 이 또한 내가 우치다 선생에게 배우고

본받고자 하는 귀한 가르침이다.

　강연을 마치고 선생께 이렇게 질문했다.

　"선생님은 언제부터 철학과 사상을 그러한 화법으로 전하려고 생각하셨습니까?"

　선생은 웃으면서 대답했다.

　"제가 평생 연구하고 있는 리투아니아 출신의 프랑스 철학자 에마뉘엘 레비나스를 비롯해 프랑스 철학이 난해한 것에는 크게 두 가지 이유가 있습니다. 하나는 독자의 지혜가 부족한 경우이고 또 하나는 번역자가 책 내용을 충분히 이해하지 않은 경우지요. 대체로는 이런 두 이유 때문인데 미셸 푸코나 롤랑 바르트나 클로드 레비스트로스 같은 구조주의자의 경우는 사상 그 자체가 난해한 악조건도 한몫을 당당히 하고 있습니다. (☺) 제가 구조주의를 처음 접했을 무렵에는 일본인 연구자가 쓴 구조주의 해설서가 계속 나오고 있었는데요, 왜인지 대부분의 해설서가 원서보다 더 난해했습니다. 저는 한숨을 크게 쉬면서 '자면서 배울 수 있는 자크 라캉'이라든지 '갑자기 시작하는 기호론'과 같은 책이 있으면 얼마나 좋을까 상상했지요. 그리고 좀 더 '어른'이 되어서 지금보다 지혜가 조금 더 생기면 그런 책을 써서 다음 세대의 '버팀목'이 되자고 결심했습니다. 그 결심의 결과가 한국어로도 번역된 『푸코, 바르트, 레비스트로스, 라캉 쉽게 읽기』(일본어 원서 제목은 『자면서 배울 수 있는 구조주의』), 『사가판 유대문화론』, 『레비나스와 사랑의 현상학』 그리고 『청년이여, 마르크스를 읽자』 등이지요."

쉽지 않은 일이지만 나 역시 선생처럼 다음 세대에게 버팀목이 되는 글을 쓰고자 노력하고 있다.

{ 12 }

월경하는 지성

박 선생도 잘 아시겠지만 롤랑 바르트라는 프랑스 철학자가 제창한 '에크리튀르'라는 개념이 있습니다. 바르트는 인간의 언어 활동을 세 가지 층으로 나누어 고찰했습니다.

첫 번째 층이 '랑그'langue이지요. 이것은 쉽게 말하면 국어 혹은 모국어를 가리킵니다. 우리는 특정 언어 집단 안에서 태어나서 거기에서 말을 배웁니다. 여기에 선택의 여지는 없습니다. 저는 일본에서 태어났고 박 선생은 한국에서 태어났기 때문에 각자 일본어 화자와 한국어 화자로서 언어 활동을 시작하게 됐지요. 두 사람 모두 '국제공통성을 생각하면 영어가 유리한데……

영어권에서 태어났으면 좋았을 걸' 할 수는 없는 노릇입니다.

두 번째 층이 '스틸'style입니다. 언어 활용에 있어 '개인적인 편향'을 가리킵니다. 문장의 길이, 리듬, 음운, 문자의 화상적 인상, 개행, 페이지의 여백, 한자 사용 방식 등 언어 활동이 신체를 매개하는 이상 거기에는 생리적이고 심리적인 개인적 편차가 발생할 수밖에 없습니다. 어떤 음운을 기피하고 어떤 문자를 선호하고 어떤 리듬을 마음 편하게 느끼는가는 거의 선천적인 것이라서 개인의 결단으로 조작할 수 없습니다. 이러한 언어 활동상의 편향은 주체적 결단으로 어떻게 할 수 있는 것이 아니지요. 그것이 스틸입니다.

그리고 세 번째 층에 '에크리튀르'écriture가 존재합니다. 이것은 '사회적으로 규정된 언어의 사용 방식'을 가리킵니다. 어떤 사회적 위치에 있는 사람은 그에 걸맞은 언어를 사용해야 한다는 거죠. 발성법도, 어휘도, 억양도, 목소리의 높이도, 음량도 규정됩니다. 나아가 언어 활용에 준해서 표정, 감정 표현, 복장, 머리 모양, 몸동작, 생활 습관 그리고 정치 이데올로기, 종교, 사생관, 우주관에 이르기까지 영향을 받습니다.

어떤 소년이 '불량 청소년의 에크리튀르'를 선택한 경

우, 그는 어휘와 발성법뿐 아니라 표정, 복장, 사회관도 전부 패키지로 불량 청소년으로 바꿀 것을 '강제'당합니다. 불량 청소년이지만 일요일에는 교회에 나간다든지, 불량 청소년이지만 마르크스주의자라든지, 불량 청소년이지만 우치다 다쓰루 책을 애독하는 일은 일어나지 않습니다. 그러한 선택은 제멋대로 할 수 없기 때문입니다.

에크리튀르와 삶의 방식은 일종의 세트입니다. 바르트가 말하듯이 우리는 '어느 에크리튀르를 선택할 것인가' 하는 최초의 선택 단계에서는 자유입니다. 하지만 일단 에크리튀르를 선택하면 더 이상 자유는 없습니다. 우리는 '자신이 선택한 에크리튀르'의 포로가 됩니다. 즉 우리에게 허용된 자유는 고작 '어느 감옥에 들어갈까' 하는 선택뿐입니다.

어째서 이렇게 제도화된 '사회적 언어'가 존재할까요? 이것에 관해 바르트는 한 걸음 더 들어간 분석은 하지 않았습니다. 그런 것이 있고 실제로 활발하게 기능하고 있다고 지적하는 것만으로도 비평 가치는 충분하다고 생각했을 것입니다.

그런데 사회적 언어 구사가 엄격하게 제도화되어 자신이 속한 사회 집단에 허용된 에크리튀르 이외의 사용이 금지되는 것은 계층사회의 두드러진 특징입니다. 바르트는 그 점을 지적하지 않았던 거지요. 지적했는지도 모르겠지만 『글쓰기의 영도』 같은 책을 읽을 수 있는 독자는 프랑스의 지적 계층에 한정되어 있고, 책을 쓴 바르트도 내용을 이해할 수 있는 독자를 많이 잡아도 5천 명 정도로 상정해서 이 책을 집필했을 것입니다(미셸 푸코는 2천 명 정도의 독자를 상정해서 『말과 사물』을 썼다고 확실히 밝힌 적이 있지요).

이런 현실이 거꾸로 증명하는 것은 에크리튀르의 구조를 이해할 정도의 사회적 계층에 있는 사람만이 에크리튀르의 우리에서 탈출할 기회가 있다는 것입니다. 바르트의 책을 이해하지 못하는 사회계층 사람들, 또는 '바르트의 책을 이해하는 것'의 유용성을 인정하는 사람이 주위에 하나도 없는 사회계층의 사람들은 애당초 자신들이 에크리튀르 감옥의 죄수라는 자기인식에 도달할 수가 없습니다. 따라서 '언어 구사는 계층사회를 재생산하기 위한 가장 효율적인 장치'라는 생각 자체가 계층 상위에만 한정적으로 안내되고 계층사회의 하층 사람들은 그러한 조감적인 시각으로 언어를 고찰할 기회로부터 사실상 격리되어 있습니다.

그런데 바르트는 그 이야기를 하지 않았습니다. "제가

하는 이야기가 좀 어렵습니까?" 하는 메타 메시지를 바르트는 발신하지 않았습니다(한마디라도 해 주었더라면 읽는 사람은 한숨 돌렸을 텐데 말이지요). 저는 바르트라는 사람을 매우 높게 평가하지만 그 점은 아주 조금 불만입니다. 롤랑 바르트가 정말로 계층사회의 근원적인 개혁을 바랐다면 그는 『글쓰기의 영도』를 쓸 때 그런 고답적인 에크리튀르를 채택하지 않았을 테니까 말이지요. 바르트의 언어에 관한 생각은 되도록 많은 독자가 읽을 수 있는 형태로 제시되어야 했습니다. 하지만 그는 그렇게 하지 않았습니다.

물론 저는 바르트의 지성과 윤리성을 높게 평가하는 데에는 이의가 없습니다. 하지만 그들이 에크리튀르에 의해서 계층사회가 재생산되는 프로세스를 훌륭하게 분석하면서 그 계층사회 하층의 독자들에게는 이해하기 어려운 에크리튀르를 구사했다는 점은 역시 지적해야 한다고 생각합니다.

계층사회의 본질적인 사악함은 '계층사회의 본질적인 사악함'을 반성적으로 주제화해서 개선할 방법을 고안할 수 있는 것이 사회 계층 상층부의 사람들로 한정되어 있다는 점에 있습니다. 이런 함정은 계층사회 내부에 있는 한 전경화前景化●하기 어렵습니다.

다행히 일본 사회는 프랑스만큼 계층화되지 않았습니다. 한국 사회도 비슷할 거라고 생각하는데요, 문화 자본과 사회관계 자본이 이미 특정한 집단에 축적되고 있지만 아직 '계층'이라고 부를 만큼 견고하지는 않습니다.

저는 문화 자본의 배타적 축적을 바라지 않습니다. 수평적으로든 수직적으로든 유동성이 큰 사회를 바랍니다. 그것을 위해서라도 바르트 같은 탁월한 지성만이 만들어 낼 수 있는 뛰어난 견해를 되도록 많은 사람이 읽는 행운을 누리기를 바랍니다.

그래서 에크리튀르 비판은 '자신이 지금 쓰는 메커니즘 그 자체'를 대상화할 수 있는 에크리튀르로 이루어져야 한다고 생각합니다. 과연 그것은 어떠한 에크리튀르인가? 자신들이 참여한 해당 언어 구조를 반성적으로 주제화할 수 있는 언어, 자신들이 분석을 위해서 구사하는 언어의 배타성을 해제할 수 있는 언어. 저는 그러한 불가능한 언어를 늘 꿈꾸고 있습니다.

나는 이 말을 듣고 우치다 선생이 가진 가장 보기 드문 미덕은 우리가 꼭 알아야 할 최첨단의 지知를 아카데미즘이라는 공간에서 끌어내서 세속에서도 통용할 수 있는 도구로 바꾸어 그 사상事象을 이야기하는 그 예술적 화법에 있다고 생각했다. 스토리텔링은 (아마도) 아카데미즘과 어떤 관계도 없다. 아니 아카데미즘에 이야기를 가져오는 것은 금기를 깨는 일이다. 그런데 이야기 안에서 살아 숨 쉬지 못하는 사상은 결국 현실을 진단하고 바꾸는 데 전혀 힘을 발휘할 수 없다. 우치다 선생은 가장 통속적인 문체 안에 가장 난삽한 사상을 잘게 부숴 넣어서 생기를 불어넣는, 나 같은 범인이 도저히 할 수 없는 '모험이 가능한 희유의 작가'로서 우리 앞에 나타난 것이다.

선생의 말씀을 듣고 나도 앞으로 사상가나 철학자(예컨대 내가 전공으로 연구하는 비고츠키)에 관한 책을 쓸 때는 물론이거니와 사람들에게 사상과 철학의 중요성을 전할 때에 부족하나마 전혀 다른 영역 사이를 가교하는 일을 하는, '헤르메스형 연구자'가 되어야겠다고 결심했다. 그리고 헤르메스형 연구자는 철학이나 사상을 일반인에게 전할 때 (어쩔 수 없이) '긴 이야기'를 하나 하지 않으면 안 된다는 생각에 이르렀다.

어떤 철학적 개념과 사상적 계보가 무엇이고, 그것이 우리에게 왜 필요한지를 초심자에게 제대로 가르치려면 단지 그것을 엄밀하게 정의해 보여 주거나 다른 말로 바꾸어 제시하는 것으로는 부족하다. 아무 개념도 갖고 있지 않은 사람에게 그 개념을 이해시키려면 그럴듯한 '이야기'를 하나 들려주어야 한다. 간단한 개념이면 짧은 이야기로도 상대를 이해시키는 데까지는 갈 수 있다. 그러나 개념의 난도가 높아지면 높아질수록 이야기는 길어질 수밖에 없고, 필연적으로 이야기에 등장하는 인물의 수도 함께 늘어난다. 이야기 속에서 불가사의한 사건과 사태가 계속 등장한다. 사람들은 일단 그것, 즉 이야기를 기억한다. 그것이 무엇을 의미하는지와 그 교훈이 무엇인지는 그것을 듣는 것만으로는 알 수 없고, 그때 당장은 그것을 몰라도 상관없다.

반면에 이야기가 환기시켜 주는 어떤 이미지와 울려 퍼지는 음향과 열과 향기와 아픔 따위는 확실히 기억으로 남아 신체 깊숙이 침전된다. 그렇게 침전된 이야기가 우리 안에서 오랜 시간을 들여서 천천히 '발효'한다. 그리고 어느 날 거기서부터 한 방울 두 방울 거품이 나와서 의식의 표층까지 도달했을 때 우리는 자기도 모르게 "알았다!" 하고 무릎을 친다. 헤르메스형 연구자란 어찌 보면 이런 시간과 노력이 꽤 필요한 일을 하는 사람인 것이다.

그래서 '월경'의 의미와 그것의 중요성에 대해 좀 더

깊이 탐구했다. 그러다가 '미디어'라는 말의 어원이 '가교하는 것', 즉 따로따로 떨어져 있는 것을 연결하는 것이고, 그것이 미디어의 본래 기능이라는 것을 어느 책에서 읽었다. 이를 계기로 1950년대에 미국에서 일어났던 '문화적 가교'의 사례 하나를 알게 되었다.

1950년대 미국에는 컨트리 음악과 팝과 리듬 앤드 블루스, 세 가지 히트 차트가 있었다. 그중에서도 컨트리 음악을 듣는 층과 리듬 앤드 블루스를 듣는 층은 겹치는 일이 거의 없었다. 두 차트에 나오는 음악이 전혀 달랐다. 그런데 1956년에 세 가지 차트를 모두 석권하는 음악이 등장했다. 엘비스 프레슬리의 「하트브레이크 호텔」이었다. 1959년까지 3년 동안 엘비스 프레슬리는 세 차트 1위라는 위업을 다섯 번 달성했다(세 가지 히트 차트 모두에서 1위 기록을 갖고 있는 이는 엘비스 프레슬리뿐이다). 엘비스가 만든 로큰롤이라는 음악의 훌륭한 점은 저마다 취향에 맞는 음악을 듣고 있던 그 시대의 모든 사람들이 '이것이야말로 나를 위한 음악이다'라고 느끼도록 만든 점에 있다.

영화와 문학과 연극을 포함해서 "20세기 미국이 성취한 최고의 문화는 무엇인가?"라는 질문을 받으면 나는 두말없이 "로큰롤!"이라고 대답한다. 그것은 로큰롤이 본질적으로 '월경'과 '가교'의 음악이었기 때문이리라. 모든 민족과 인종이 로큰롤을 자신을 위한 음악이라고 느꼈다. 이 일이 있었던 것은 미국이 국력의 절정을 맞이한 황금시대였다. 이 두 가지 사실 사이에는 분명 어떤 연관성이 있을 것이다.

2016년에는 밥 딜런이 노벨문학상을 받았다. 딜런이 어떤 사회 집단의 '목소리'라는 것은 틀림이 없다. 그러나 그것은 도시의 흑인과 히스패닉계 시민에게는 '자신의 목소리'는 아니었다. 어떤 세대와 사회집단을 대표하는 '목소리'가 존재하는 것은 좋은 일이다. 그런데 연령도 성별도 종파도 민족도 넘어서서 그런 분단 지표 자체를 무효화해 버리는 것이야말로 그 말이 원래 갖고 있는 의미에서의 '미디어'가 아닐까.

우치다 선생의 글이 학생뿐 아니라 중년층과 장년층까지, 나아가 정치적 이념이 다른 사람과 한국 독자들에게도 널리 읽히고 있는 것은 선생이 미디어, 즉 월경하는 지성이기 때문이 아닐까?

이중언어화자

한국에서 철학자가 철학을 철학 용어로 이야기하면 대개의 일반인은 그 의미를 전혀 알지 못한다. 그리고 전혀 알지 못한다는 사실을 당연하다고 생각한다. 이런 연유로 철학이 다루고 사용하는 언어는 어렵다는 오해가 만연해 있다. '존재', '무', '생성' 등은 너무나 철학적인 단어라 생각하기 십상인데, 이런 철학 용어를 낳은 영미권과 유럽에서 이에 해당하는 말은 'being', 'nothing', 'becoming' 즉 '있다', '없다', '된다'로, 일상에서 매우 빈번하게 사용하는 말이다.

난해하기로 유명한 헤겔의 『논리학』 같은 대작도 독일어 원서를 펼쳐 보면 처음부터 위와 같은 친숙한 말을 축으로 논의가 진행된다. 이렇게 유럽이나 미국에서는 철학자가 사용하는 철학 용어의 상당 부분이 실제 생활 언어에서 비롯되었다. 따라서 서구 사람들은 학술 언어와 생활 언어의 차이를 '언어체계의 차이'가 아니라 '똑같은 언어의 층과 결의 차이'로 파악한다. 그리고 철학을 아는지 모르는지의 차이 역시 철학 용어의 의미를 아는지 모르는지가 아니라 평소에 사용하는 말의 의미를 얼마나 깊게 이해하고 있는지, 얼마만큼의 다의성을 자기 시야에 넣고 있는지로 결정한다.

가령 '자유'라는 단어를 살펴보자. 우리가 평소에 사용하는 이 말의 의미와 철학자가 사용하는 말의 결, 층, 깊이는 완전히 다르다. 자유는 영어로 liberty 혹은 freedom이다. 모모야마가쿠인대학의 야나부 아키라 교수가 쓴 『프리덤, 어떻게 자유로 번역되었는가』를 살펴보면 두 단어의 번역어로 '자유'가 정착하는 과정에서 그 번역어를 제안한 일본 지식인 사이에 적지 않은 논쟁이 있었던 모양이다. 같은 저자의 『번역어의 성립』이라는 책에 따르면 막부 말기까지는 liberty와 freedom에 대한 번역어로 '자주', '자재'自在, '속박되지 않음', '관대' 등과 함께 '자유'라는 말이 등장했다. 그러다가 메이지 시대에 들어와서 일본 지식인들은 이 '자유'라는 말을 사전에 추가하는 것을 망설였다. 단어에서 '자기 마음대로' 또는 '자기가 하고 싶은 대로' 같은 이기적인 뉘앙스가 느껴졌기 때문이다.

자유라는 개념에는 사회의 인습적인 멍에로부터 해방된 상태나 의식이라는 역사적으로 뿌리 깊은 의미도 있지만 또 다른 의미도 있다. 실제로 영어사전에서 'liberal'을 찾아보면 매우 흥미로운 뜻풀이를 만날 수 있다.

· (~을[에]) 아끼지 않는[후한]
· 공평한, 관대한
· 많은, 풍부한
· 자유주의의
· 자유주의자

이에 따라 liberal의 명사형도 두 가지다. liberty와 liberality. liberty가 자유주의의 자유, 즉 자신이 생각한 대로 수행할 수 있는 자유라고 한다면 liberality는 후함, 인색하지 않음이라는 의미의 자유이고 이는 곧 자신이라는 것에 속박되지 않은 혹은 구속되지 않는다는 의미의 자유이다. 일본의 경우 메이지 시대 이전인

1862년에 간행된 영일사전에는 liberal이 '한턱내다, 후하게 대접하다'로 번역되어 있고 liberty는 '자유, 말려들지 않는 것'이라고 번역되어 있다. 자기가 자기의 주인이라는 것과는 다른 시점으로부터 '자유'를 그려 보는 것. 그때서야 비로소 타자와 함께 무엇인가 할 수 있는 자유, 타자와 몸을 부딪치면서 때로는 타자에게 몸을 맡김으로써 늘 똑같은(동일한) 자기로부터 벗어나는 가능성으로서의 자유가 보일 것이다. '나'의 존재로서의 연속성에 구애받는 것은 스스로에 의해서 소유된 과거에 스스로 묶여 들어가는 것이다. 이 동일성의 우리로부터 벗어난 자유라는 것이 있는 것이다.

이런저런 이유로 영어, 프랑스어, 독일어 등을 사용하는 나라에서는 학술적인 철학서를 '생활 언어'로 번역할 필요가 없다. 그리고 당연한 말이지만 그런 일을 하는 사람과 직업도 없다. 그런데 한국에서는 철학의 말(예컨대 비고츠키의 사상)을 철학 용어(예컨대 '매개된 마음' '개체환원주의' 등)만으로 기술하면 일반인에게는 의미 불명의 단어로밖에 가닿지 않는다. 그래서 어떻게든 생활 언어로 번역해 '쉽게 말하자면'과 같은 식의 번역을 하거나 설명을 붙여야 한다. 고도로 추상적인 개념은 일단 생활 언어로 번역하지 않으면 일반인들이 이해할 수가 없다. 학술적인 언어를 말하는 학자와 생활 언어를 말하는 화자 사이에 그 사이를 중개하는 가교 역할을 하는 '이중언어화자'가 필요한 것이다.

이런 이중언어화자 역할의 중요성과 의의에 대해서도 나는 우치다 선생에게 많이 배웠다. 『푸코, 바르트, 레비스트로스, 라캉 쉽게 읽기』로 번역된 책의 원서 제목은 '자면서 배울 수 있는 구조주의'이다. 이미 제목에서 알 수 있듯이 선생은 구조주의라는 매우 생산적인 학술적 아이디어를 어떻게든 일반인과 공유하고 싶어 했다. 이 책은 그런 절절한 바람의 산물이다.

비고츠키 심리학을 전공한 나 역시 "비고츠키 심리학이라는 지적구축물이 있는데, 이것을 제대로 알면 ① 세계가 어떻게 해서 지금처럼 되었는지, ②언어는 어떻게 인간의 사고에 영향을 주는지, ③인간의 심리라는 것이 어떤 역사적 배경을 통해서 지금에 이르게 되었는지를 이해하는 데 매우 편리합니다. 그러니까 모두 함께 이것을 배워 봅시다"라는 메시지를 전하겠다는 목표를 가지고 비고츠키 관련 책을 쓴다. 그런데 이 비고츠키 심리학을 생경한 학술 용어 그대로 가져와 본들 학술 세계의 내부자에게밖에 가닿지 않는다(솔직히 말하자면 한국 학계에서는 내부자에게 닿는 것도 거의 절망적인 수준이지만). 가능한 한 많은 사람들에게 닿아서 한국인 전체의 지적 수행도를 높이고 싶다고 생각하면 비고츠키가 학술적인 언어로 기술한 명제를 생활 언어로 번역하지 않으면 안 된다.

그런데 서구의 철학자(예컨대 비고츠키)가 자신의 이론을 가능한 많은 독자들이 알 수 있도록 '예를 들면'이라든지 '내 주변의 사례로 예를 들어 설명하자면' 같은 말로 묘사하는 경우는 기대하기 어렵다. 적어도 나는 영어로 쓰인 비고츠키 심리학 관련 책에서 그런 이야기를 읽은 적이 없다. 그래서 나는 비고츠키 심리학 관련 글을 쓴다든지 비고츠키 관련 강연을 할 때 예컨대 '도구에 매개된 마음'tool-mediated mind이라는 학술 용어를 "1500년대에 살았던 부안기생 매창에게는 한양이 어떻게 보였을까?"와 같은 친숙한 이야기로 바꾸어서 사람들과 만난다.

외국에서 들어온 극도로 난해하고 생경한 사상과 개념을 일반인도 "아, 그런 뜻이었구나" 하고 이해할 수 있도록 생활 언어로 열어젖히는 작업은 반드시 필요하다. 이런 낯선 일은 '학술적인 세계'와 '생활 세계'에 동시에 소속되어 있어서 학술적인 언어도 생활 언어도 동시에 말할 수 있는 '이중언어화자'만이 맡을 수 있다.

{ 14 }

미스 마플의 지성

우리 사회가 안고 있는 고민거리 중 하나인 '배움을 흥정하는 아이들' 그리고 '일에서 도피하는 청년들'이 왜 이렇게 늘어났는가를 추적하여 기술하는 일종의 르포르타주인 우치다 선생의 『하류지향』이라는 책을 읽은 어느 지인이 나에게 이런 감상을 들려주었다.

"저는 중학교에서 사회 과목을 가르치고 있는데, 이 책을 읽으며 우치다 선생이 마치 우리 교실 안을 들여다보고 계신 것 같다는 느낌을 받았습니다. 어쩜 그렇게 제가 평소에 하고 싶었던 말을 저를 대신해서 잘해 주시던지. 정말 감동받았습니다."

이와 비슷하게 우치다 선생은 2011년에 『저잣거리

의 중국론』街場の中国論이라는 책을 출간하고 이런 이야기를 들은 적이 있다고 한다.

"선생님은 어떻게 중국 전문가가 되셨습니까? 중국에 관한 이런 정보를 다 어디서 얻으셨습니까?"

책이 출간된 후 이런 시각으로 '중국론'을 논한 학자가 없다고 생각한 중국 어느 신문사의 기자가 선생께 인터뷰를 요청하며 한 말이다. 그 질문에 선생은 웃으면서 "『아사히신문』에서요"라고 답했다.

나는 이 두 사례를 보고 우치다 선생의 지성이 총명한 선비의 지성을 닮았다고 생각했다. 조선을 대표하는 지성인 박지원이 쓴 『그렇다면 도로 눈을 감고 가시오』라는 책이 있다. 이 책에 나오는 「까마귀는 검은 새인가」는 우치다 선생의 이런 지성을 간접적으로 엿볼 수 있는 글이다. 잠깐 살펴보자.

무릇 총명한 선비라고 해서 어찌 일일이 물건을 제 눈으로 봐야만 아는 것이랴? 한 가지를 들으면 눈에는 열 가지가 형상화되고 열 가지를 보면 마음에는 백 가지가 설정되어 천 가지 괴이한 것과 만 가지 신기로운 것에 대해, 그 물건의 본질에 충실하여 객관적으로 보려 하되 주관을 섞지 않는다. 그런 까닭으로 마음에 여유가 있어서 응수를 무궁무진하게 할 수 있다.

　나는 이런 총명한 선비의 지성을 '미스 마플의 지성'이라고 부른다. 세계적인 추리소설가 애거서 크리스티가 자신의 작품을 통해 만들어 낸 제인 마플, 일명 '미스 마플'은 런던 교외에 사는 명석한 추리력을 가진 독신 노부인이다. 미스 마플의 조카는 스코틀랜드에서 경시청 형사로 일하는데, 경찰들이 해결하지 못하는 난해한 사건이 있으면 미스 마플을 찾아와 조언을 구한다. 그러면 마플은 별일 아닌 듯 "자, 범인은 이 사람이네" 하고 범인을 곧바로 찾아낸다. "어떻게 그 사람이 범인이라는 걸 압니까?" 하고 물으면 마플은 자신이 그렇게 추리한 것에 대해 또다시 별것 아니라는 듯이 "옛날에 우리 마을에도 그것과 똑같은 사건이 있었거든!" 하고 대답한다. '미스 마플 시리즈'는 전부 그렇게 구성되어 있다. 자신이 태어난 마을에서 한 발짝도 나간 적이 없어서 마을 사람들의 일상 생활밖에 모르는 미스 마플이 대도시에서 일어난 난제 사건을 간단히, 그것도 계속 해결해 내는 것은 그녀가 수백 명밖에 되지 않는 마을 사람들의 일상을, 그 언동 하나하나를 알뜰하게 관찰하고 거기서 늘 '인간의 본질'을 꿰뚫는 패턴을 찾아내기 때문이다.

그렇다. 문제는 정보의 양이 아니다. 미스 마플처럼 자그마한 시골 동네에서 좁은 인간관계만을 유지하며 사는 사람도 삶의 태도에 따라 런던 같은 대도시에서 일어나는 전대미문의 사건을 해결할 수 있을 만큼의 빅데이터를 축적할 수 있다. 즉 인간이 어느 때 무엇을 생각하고 무엇을 느끼고 어떻게 행동하는가에 관해 세밀하고 정치한 사례 연구를 하다 보면 시골 같은 좁은 세계에서 얻게 되는 얼마 되지 않는 경험으로도 '큰 세계'에서 일어나는 일을 분석할 수 있다. 바꿔 말하면 국소적 local 문제 분석으로도 글로벌한 문제의 답을 찾을 수 있는 것이다.

그렇다. 중학교 2학년 교실을 하루 종일 들여다보지 않아도, 중국 관련 전문 서적을 샅샅이 읽거나 현지에 가서 사람들을 관찰하지 않아도 어떤 교실 안에서 일어나는 일이나 중국 사람들이 어떻게 세상을 보는지를 알 수 있다. 그렇다면 그 원동력, 그러니까 현장을 보지 않고 관련 전문 서적을 읽지 않아도 사람들의 삶과 생각을 읽어 낼 수 있는 힘은 무엇일까?

나는 그것이 바로 '사상의 힘'이라고 생각한다. 그리고 역설적이지만 사상이 사상일 수 있음을 담보하는 것은 어떠한 문제에도 즉각적으로 답을 할 수 있는 '처방

전'을 갖고 있지 않은 데 있다. '사상思想이 사상이 될 수 있는 결정적으로 중요한 조건'은 세상에서 일어나는 다양한 문제가 특수한 인간에 의해 특수한 상황에서만 발생한다는 섣부른 판단과 진단을 내리지 않는 것에 있다고 나는 생각한다. '진단'이라는 이름의 처방은 개별 수행적인 과제에는 어느 정도 효용이 있을지 모르겠지만 습관을 넘어서고 언어를 넘어서고 역사를 넘어서고 사고의 틀을 넘어서는 영역에서는 전혀 맥을 추지 못한다.

나는 '○○ 훈육법', '○○한 사람들의 ○가지 습관' 같은 책이 오랫동안 살아남아 다음 세대 독자에게까지 계속 읽힐 것이라고 생각하지 않는다. 엄밀한 의미에서 처방은 문제를 '발견'하거나 '해결'하는 것이 아니라 단지 '정리'하는 것에 지나지 않기 때문이다. 사상思想이 사상이 되는 것은 일견 아무리 특수하고 개별적인 사상事象으로 보이더라도 거기서부터 인간 전체의 문제로 연결되는 '보편성'을 끄집어낼 수 있는지 그렇지 않은지에 달려 있고, 그곳에야말로 '사고'思考라는 것의 전중량全重量이 걸려 있다. 마르크스의 사상이 그렇고 비트겐슈타인의 사상이 그렇고 해럴드 가핑클의 사상이 그러하고 우치다 다쓰루의 사상이 또한 그러하다.

V

선생을 닮은 선생으로서의 길

〔 15 〕

스승이라는 모항

우치다 다쓰루 선생은 기회가 있을 때마다 "학생들이 학교를 졸업하고 사회에 나가고 나서도 교사는 가능한 한 똑같은 장소에 있어야 한다"고 말씀하신다. 학생들이 졸업할 때는 "곤란한 일이 있으면 언제든지 오거라"라고 하며 그들을 떠나보내는 것이 교사의 책무라고도 말씀하신다. 이런 교사의 마음가짐을 선생은 '모항'母港에 비유한다. 교사는 모름지기 '등대지기'가 되어야 한다는 것이다. 칠흑 같은 어둠의 바다로 항해를 떠난 사람들은 때때로 돌아보고 모항의 등대를 확인한다. 그때 매일 밤 똑같은 곳에서 한결같이 빛을 비춰 보여 주는 것이 제자에 대한 교사의 책무라고 생각하는 것이다.

조금만 상상해 보아도 알 수 있다. '예순이 넘어 갑자기 프로 서퍼가 된 은사'라든지 '일흔이 넘어 라스베이거스 카지노에서 떼돈을 벌고 젊은 모델과 새 인생을 사는 은사'는 뵙기에 조금 어색하다. 급변한 선생님께 뭐라고 말을 걸며 연락해야 좋을지 알 수 없기 때문이다. 졸업생은 자신이 나온 학교와 자신을 가르친 선생이 언제까지라도 변하지 않고 그대로 있었으면 하고 바란다. 졸업하고 몇 년이 흘러도 똑같은 교정에서 똑같은 선생님이 똑같은 얼굴로 똑같이 수업하기를 마음 깊이 바란다.

이런 말을 하면 어떤 사람은 학생의 응석을 그렇게 다 받아주면 아이의 장래가 엉망이 된다든지 사회가 약육강식의 정글인데 그런 태평한 소리를 하는 선생은 오히려 학생을 망칠 수 있다고 반응한다. 그런데 우치다 선생의 생각은 반대다. "모항이 있는 배가 가장 멀리까지 항해할 수 있다." 모험과 여행을 사고 없이 무사히 마칠 수 있는 이는 돌아갈 장소가 있는 사람이다. 여행과 모험으로 성숙을 이룬 사람들은 모항을 통해 비로소 자신의 성숙을 확인할 수 있다. 자신이 그동안 무엇을 해왔는지 자신이 어떤 인간으로 거듭났는지를 알기 위해서는 언젠가는 모항에 돌아갈 필요가 있다. 이것이 선생의 생각이다.

　우치다 선생은 항구를 떠나는 모험가라는 정체성은 당신에게 기질적으로 맞지 않기 때문에 젊었을 때부터 지금까지 항구에서 사람들을 떠나보내고 맞이하는 사람으로서의 모습을 유지해 오셨다고 말씀하신다. 나는 이런 스승의 역할을 '정점'定點의 일을 하는 사람이라고 부르고 싶다. 자신이 얼마큼 바뀌었고 어떤 변화를 이루었는지를 확인하기 위한 '정점 관측점'이 있으면 사람은 안심할 수 있는 법이다. 모험가가 위기 상황에서 사력을 다하고 있을 때나 만신창이가 되었을 때, 돌아가야 할 모항 혹은 돌아갈 수 있는 모항이라는 곳은 그가 마지막으로 믿고 의지할 곳이 된다.

　나 역시 (대학이나 대학원에서 우치다 선생의 수업을 한 번도 들은 적은 없지만) 이런 면에서 모항 같은 선생 덕분에 모험을 듬뿍 즐겼고 앞으로도 끊임없이 즐길 것이다. 우치다 선생을 만나기 전에는 결코 인연이 없을 것 같았던 『회화분석』이나 『해럴드 가핑클』 같은 난해한 사회학 도서를, 나는 등대의 불빛을 지원군으로 삼아 집필하고 세상에 내어놓는 모험을 감행했다. 그 모험을 마치고 문득 오랜만에 모항으로 돌아가 보니 여전히 선생은 똑같은 모습으로 웃으며 나를 맞이해 주셨다. "사회학에 대해서는 자네에게 한 번도 가르친 적이 없는데 어떻게 이런 책을 쓰게 되었는가?” 하시며 말이다(어디까지나 나의 망상이지만).

또한 선생 덕분에 고등학교를 졸업하며 인연이 다했다고 굳게 믿었던 수학이라는 학문에 관심을 갖게 되었다. 모리타 마사오라는 수학자의 『수학하는 신체』와 『수학의 선물』을 번역했고 『수학하는 인생』이라는 책도 번역하고 있다. 이 모험은 여기서 끝나지 않았고, 수학이라는 학문이 도대체 무엇인지 궁금해 수학 공부를 본격적으로 하는 길로까지 연결되었다. 나아가 이 책 『우치다 선생에게 배우는 법』과 『우치다 다쓰루』(근간)도 쓰고 있다. 또 한번 호흡을 가다듬으려 모항으로 돌아가면 스승님은 변함없이 나를 따뜻하게 맞이해 주실 것이다.

하여 제자는 곤란한 일이 있을 때마다 모항으로 돌아가서 호흡을 가다듬으면 된다. 돌아보면 매일 밤 같은 곳에 등대의 불빛이 보인다. 그런 사람은 자신이 무엇을 하고 있는지, 어디를 향하면 되는지 곧바로 가늠할 수 있다. 그래서 안심하고 나처럼 어디로든 계속 항해할 수 있다. 반면에 모항이 없는 배는 어디서 어떤 모험을 어디서 시작해 어디로 가야 하는지 알 수가 없다. 자신을

'성장의 문맥'이라는 바다 지도 안에 자리매김할 수 없게 되는 것이다.

"곤란한 일이 있으면 언제든지 오거라"라는 따뜻한 지원의 말을 등에 새긴 사람은 그런 말을 들은 적이 없는 고립된 사람보다 인간적인 성숙을 이룰 확률이 높다. '떨어지면 죽는다'는 생각으로 줄타기를 하는 사람과 '떨어져도 나에게는 안전장치가 있다, 그 장치가 나를 받아 줄 것이다'고 생각하며 줄타기를 하는 사람은 줄 위에서 완전히 다른 안정감을 느낀다. 높은 안정감을 가진 사람의 운동능력이 더 클 것이고, 피난처가 있다고 생각하는 사람일수록 피난처가 필요한 상황을 만날 가능성이 적다. 피난처에는 이런 역설적인 데가 있다.

그러고 보니 어느 뇌과학자가 스트레스에 관해 했다는 연구가 떠오른다. 정신적으로 스트레스를 받으면 인간의 뇌에는 어떤 종류의 화학물질이 합성된다. 그리고 그것이 강한 심신의 불쾌감을 가져온다. 이 과학자는 이 화학물질을 인위적으로 체내에 주입하는 실험을 했다. 피실험자를 두 집단으로 나누고 한 집단에는 불쾌감을 유발하는 물질을 주입했다. 다른 한 집단에는 그 물질을 주입하되 스위치 하나를 붙여 주었다. 심신의 불쾌감이 한도를 넘어서서 더 이상 참을 수 없는 정도가 되었을 때 물질을 주입하는 장치를 스스로 끌 수 있도록 말이다. 그랬더니 놀랍게도 스위치를 가진 집단에 속한 사람 중 어느 누구도 그것을 사용하지 않았다. 심신의 불쾌감이 그다지 높지 않았기 때문일 것이다. 하지만 주입한 물질은 양은 충분했다. 충분히 큰 스트레스를 유발할 만큼의 양이었다. 즉 자신이 스스로 스위치를 끄고 켤 수 있고, 끄기만 하면 나쁜 기분이 사라질 것이라는 믿음이 있었기에 기분이 그다지 나빠지지 않았던 것이다. 정신적 스트레스는 단품으로 존재하는 불쾌가 아니라 '정신적 스트레스에 대처해서 취할 수 있는 수단과 방법이 없다'는 무력감과 세트가 되었을 때 비로소 발동한다. 그래서 아무리 격한 스트레스를 받아도 '자, 이제 그만!' 하고 말하고 중단할 능력이 자신에게 주어져 있으면 스트레스는 그다지 심각한 상태가 되지 않는다.

이 실험 결과는 우치다 선생의 '모항론'을 약리학적으로 증명하는 것이라고 나는 생각한다. 모항을 갖고 있는 자는 '언제라도 돌아갈 곳이 있다'고 생각함으로써 항해 능력을 향상시킬 수 있다. 그래서 결과적으로 모항으로부터 훨씬 멀리까지 모험할 수 있다.

그런 의미에서 언제나 그곳에 있는 모항은 그 자체로 이미 훌륭한 교육적 기능을 한다. 나 역시 선생의 학통을 이어받아 모험가 생활을 계속하면서 나에게 배우는 사람에게는 모항이 되고 등대가 되고자 한다.

우치다 선생에게 배우는 법
: 스승이라는 모항에서 떠나고 돌아오기 위하여

2021년 5월 24일   초판 1쇄 발행

지은이
박동섭

펴낸이	**펴낸곳**	**등록**
조성웅	도서출판 유유	제406-2010-000032호(2010년 4월 2일)

주소
서울시 마포구 동교로15길 30, 3층 (우편번호 04003)

전화	**팩스**	**홈페이지**	**전자우편**
02-3144-6869	0303-3444-4645	uupress.co.kr	uupress@gmail.com
	페이스북	**트위터**	**인스타그램**
	facebook.com	twitter.com	instagram.com
	/uupress	/uu_press	/uupress

편집	**디자인**	**마케팅**
사공영, 김은경	이기준	송세영

제작	**인쇄**	**제책**	**물류**
제이오	(주)민언프린텍	(주)정문바인텍	책과일터

ISBN 979-11-89683-91-7 04370
     979-11-85152-36-3 (세트)